GÜTERSLOHER
VERLAGSHAUS

Gütersloher Verlagshaus. Dem Leben vertrauen

KINDER GOTTES DIENST 2012

praktisch

Mit Kindern Glauben feiern und verstehen

Herausgegeben von Urd Rust

unter Mitarbeit von Susanne Betz, Doris Dirwald, Karl-Heinz Dirwald, Gudrun Luise Helm, Uwe Huchthausen, Beate-Michaela Jöst, Ulrike Lenz, Brigitte Messerschmidt, Gottfried Mohr, Julia Neuschwander, Anke Schäfer, Jutta Schitter, Dirk Schliephake, Martin Schoch, Christine Wolf und Peter Wolff

Gütersloher Verlagshaus

Bibliografische Information der Deutschen Nationalbibliothek
Die Deutsche Nationalbibliothek verzeichnet diese Publikation in der Deutschen Nationalbibliografie; detaillierte bibliografische Daten sind im Internet über http://dnb.d-nb.de abrufbar.

FSC
www.fsc.org
MIX
Papier aus verantwortungsvollen Quellen
FSC® C005833

Verlagsgruppe Random House FSC-DEU-0100
Das für dieses Buch verwendete FSC-zertifizierte Papier *Munken Premium Cream* liefert Arctic Paper Munkedals AB, Schweden.

1. Auflage

Umschlagmotiv: © Michaela Steininger – Fotolia.com
Satz: Satz!zeichen, Landesbergen
Druck und Einband: Těšínská tiskárna, a.s., Český Těšín
Printed in Czech Republic
ISBN 978-3-579-05475-9

www.gtvh.de

Inhaltsübersicht 2012

Vorwort

Liebe Mitarbeitende in der Kirche mit Kindern,

beim ersten Blick auf den neuen Band »Kindergottesdienst praktisch« für das Jahr 2012 haben Sie schon bemerken können: Wir sind einen weiteren Schritt gegangen bei der Gestaltung des Buches. Ein ansprechendes »Outfit« und eine übersichtliche Gestaltung der Inhalte, Orientierung auf den ersten Blick waren Wünsche unserer Nutzerinnen und Nutzer, die wir auf der Gesamttagung in Erfurt befragt hatten.
Das Titelbild nimmt die Motive der kreativen gottesdienstlichen Arbeit mit den Kindern auf: In einem Boot mit Kleinen und Großen, bewegt und beschwingt durch die Verheißung des Kreuzes, beschienen vom Licht der Liebe Gottes, durchleuchtet von der Hoffnung des Regenbogens sind wir unterwegs mit all denen, die mit dem Wasser der Taufe Glauben leben. Und das ist hell, fröhlich, nicht immer leicht, aber mit der vertrauensvollen Leichtigkeit, die uns ein Leben in Hoffnung gibt. Die neu entwickelten und differenzierten Symbole wollen Ihnen die Arbeit mit dem Buch erleichtern, denn sie geben Orientierung innerhalb der Vielfalt der kreativen Ideen.

Zwei Einheiten rahmen das Kindergottesdienstjahr ein: Am Anfang geht es um Wegweisung und Wegbegleitung, um die Motive Stern und Engel, die Ulrike Lenz entfaltet hat. Am Ende wird unter dem Motto »Von guten Mächten wunderbar geborgen« ein kreativer Jahresrückblick vorgeschlagen, für den Christine Wolf einige Bausteine ausgearbeitet hat. Wie sich die Komponisten Händel und Bach von biblischen Geschichten beeindrucken ließen und ihrem Eindruck dann in großartiger Musik Ausdruck gaben, hat Jutta Schitter in den Entwürfen zu den Passions- und Ostergeschichten des Matthäus bearbeitet. Eher selten werden die Träume des Danielbuches in Kindergottesdiensten thematisiert. Wie das kreativ und durchaus Angst bewältigend geschehen kann, hat Gudrun Luise Helm unter dem Thema »Schlimme Träume« entwickelt. Nicht häufig gibt es die Gelegenheit, im Kindergottesdienst den Johannistag und das Martinsfest zu feiern. Für diese außergewöhnlichen Gelegenheiten haben Christine Wolf und Gottfried Mohr »leuchtende« Ideen entwickelt.

Das ist nur eine kleine Aufzählung der kreativen Vielfalt, die die Autorinnen und Autoren in diesem Buch bieten. Ich möchte mich herzlich bei allen bedanken, die andere an ihrer Kreativität teilhaben lassen. Mir hat es sehr viel Freude gemacht, das Konzept des Buches weiterzuentwickeln. Wir sind immer noch auf dem Weg, aber ein weiterer wichtiger Schritt ist gemacht!

Ich wünsche Ihnen viel Freude beim Stöbern, beim Auswählen und beim Vorbereiten. Die Gottesdienste und Aktionen mit den Kindern seien gesegnet mit dem kreativen, fröhlichen und hoffnungsvollen Geist Gottes, der uns miteinander leben und feiern lässt!

Ihre
Urd Rust, Herausgeberin

Zeig uns den Weg

01.01.2012
(1. Sonntag nach Weihnachten)
Ein Stern zeigt den Weg
(Matthäus 2,1–12)

06./08.01.2012
(Epiphanias/
1. Sonntag nach Epiphanias)
Ein Engel zeigt den Weg
(Matthäus 2,13–23)

Es ist Anfang Januar. In vielen Haushalten ist mit dem Tannenbaum Weihnachten schon »rausgeflogen«. »Ich konnte das alles nicht mehr sehen!« Der Weihnachtsnachgeschmack ist klebrig, die Tanne nadelte, das ausgedehnte Feiern und die Familientreffen hinterlassen Katerstimmung. Die Kinder erleben, dass die Erwachsenen »mit Weihnachten durch« sind. Sie sehnen sich nach Hyazinthenduft. Die Geschäfte bieten Primeln und Tulpen an. Stern und Engel gehören nicht mehr zur Stimmung. Was sagen unsere Kinder dazu, denen das doch alles lieb geworden ist?
Im kirchlichen Raum geht Weihnachten weiter. Die »Könige« bzw. »weisen Männer« sind noch gar nicht in Bethlehem angekommen, sie haben ihren Tag erst am 6. Januar. Die Einheit schafft Gelegenheit, im Team und dann auch in den Kindergottesdiensten zu entdecken: Der Weihnachtsstern scheint uns an jedem Tag auf dem Weg durch das neue Jahr und die Engel Gottes, die Weihnachten so enorme Konjunktur hatten, begleiten unsere Wege im Alltag.
Die beiden Symbole »Engel« und »Stern« werden im Folgenden liturgisch und thematisch unter dem Wegmotiv, das beide Gottesdienste verbindet, entfaltet.

Liturgische Gestaltung

Zusammenkommen – sich Gott zuwenden

Gebet

Alle Teamer und Kinder legen ihre Hände zu einer Schale zusammen.
Gott, heute, zu Beginn des neuen Jahres, komme ich zu Dir.
Schau mich an.
Meine Hände sind leer.
Nichts bringe ich Dir mit. Oder doch?
Ich warte einen Moment.
Kurze Stille, beendet durch Zimbelton
Ich lege in meine Hände, was ich Dir jetzt von mir zeigen will.
Ich halte es Dir hin. Sieh mich an.
Die Hände falten.

Gott, ich bin froh, bei Dir zu sein.
Komm mir nahe, wenn es sein kann. Jetzt.
Amen.

Hören und Antworten

Einstieg an einem oder an beiden Sonntagen mit Bildimpuls und der Frage: Wie war das eigentlich in Bethlehem als Weihnachten vorbei war?

Bild: Christiane Baum

Sendung – Segen

*Eine spricht vor, die Übrigen wiederholen bei *:*
Von guten Mächten wunderbar geborgen *
erwarten wir getrost, was kommen mag. *
Gott ist mit uns am Abend und am Morgen *
Und ganz gewiss an jedem neuen Tag. Amen. *

Dietrich Bonhoeffer

Es ist schön, zu Beginn des Neuen Jahres einen besonderen Segen zu empfangen. Zum Segen kommt der Engel (s. u. »Bausteine«) noch einmal zu jedem Kind. Eine Teamerin hält den Engel und eine andere segnet das Kind unter Handauflegung (Kopf oder Schulter) mit den Worten: »Gottes Engel begleite dich durch das neue Jahr«.
Kind, segnende Teamerin und »Engel«-TeamerIn sagen darauf gemeinsam: »Amen«.

Kurzgeschichte

In diesen Tagen sind die Sternsinger unterwegs. Im Fernsehen wird über ihren Besuch in Regierungsgebäuden und über die gewaltige Höhe der Spenden berichtet. Mit dem Brauch des Sternsingens können Kindergruppen mit ihren Begleitern die Botschaft von Weihnachten noch einmal ganz intensiv erleben: Sie kommen mit dem Stern an die Haustüren der Gemeindeglieder, singen, schreiben den Segen 20 + C + M + B + 12 an und sammeln für Kinder in Not. Zur Beteiligung an dieser tollen Aktion der katholischen Kirche (www.sternsinger.de) sind auch evangelische Gemeinden eingeladen. Kinder erleben: Weihnachten ist mehr als das, was die Festtage bieten: Ich kann helfen, dass sich Weihnachtsfriede und -freude ausbreiten. Die Aktion interpretiert so die Erzählung vom Besuch der Könige beim Jesuskind. Das will die folgende Geschichte auch tun und vielleicht Lust machen, sich zu beteiligen.

Auf der ganzen Welt verkleiden sich in diesen Tagen Kinder als Könige. Auch Ole, Melvin, Anna und Lisa. Am Nachmittag versammeln sie sich mit den anderen in der Kirche. Da steht noch der Tannenbaum und die Krippe ist auch noch da, wie bei uns heute hier. Viele Kinder sind gekommen. Und sie haben sich alle verkleidet. Über ihren dicken Anoraks und Schneeanzügen tragen sie festliche Umhänge in allen Farben und auf dem Kopf eine Krone. Selbst gemacht! Nach dem Sternsinger-Segen in der Kirche gehen sie los, zu dritt oder zu viert. Ole, Melvin, Lisa und Anna bekommen einen goldenen Stern. Er steckt oben auf einem Stab.

Lisa ist die »Sternträgerin« und geht vor den anderen her. Es ist kalt. Aber die vier sind gespannt. Sie gehen zum ersten Haus. An der Tür bleiben sie stehen und klingeln. Es wird ihnen geöffnet. Eine alte Dame macht die Tür auf. Sie beginnen sofort ihr Sternsingerlied:

»Wir kommen daher aus dem Morgenland.
Wir kommen geführt von Gottes Hand.
Wir wünschen euch ein fröhliches Jahr.
Caspar, Melchior und Balthasar.«

Die alte Dame steht ganz still und hört zu. Sie bekommt einen merkwürdigen Glanz in den Augen. Sind das Tränen? Ole und Melvin fühlen sich nicht ganz wohl. Weint die jetzt? Aber da hören sie schon Lisas klare Stimme. Sie zittert etwas, aber Lisa sagt den Spruch ohne Fehler auf:

»Wir grüßen ganz herzlich dies freundliche Haus.
Ein neues Jahr hat begonnen.
Wir sprechen die besten Wünsche aus.
Gott ist uns wohl gesonnen.«

Jetzt ist Ole an der Reihe. Er hat ein Stück Kreide im Handschuh, das holt er jetzt heraus. Dabei sagt er die alten Worte:

»Drum schreiben wir heut an der Häuser Türen
den Segen von Christus, er möge euch führen«.

Die alte Dame nickt bestätigend und sagt: »Ja, den Segen. Den schreib mal gleich an, junger Mann, über meine Haustür, da oben«. Und das macht Melvin nun: 20+C+M+B+12. Dann sagen sie alle zusammen:

»Christus segne dieses Haus und alle, die geh'n ein und aus.«

Anna holt nun die mit Goldpapier beklebte Blechdose hinter ihrem Rücken hervor und streckt sie der Dame entgegen: »Bitte gebt uns eine Spende für Kinder in Not!« Die Dame lächelt und holt ihr Portemonnaie aus dem Haus. Sie sucht darin herum. Und findet einen Schein. »Boa! Echt großzügig!«, staunen die Vier. Und nun bekommen sie auch noch »Naschies«, Weingummis und Kaubonbons, toll!
»Wir können noch was singen. Sollen wir?« »Ich würde mich freuen«, sagt die Dame. »Tragt in die Welt nun ein Licht« singen die Kinder. Diesmal guckt die Dame viel fröhlicher. Ob der Segen schon wirkt?

Ulrike Lenz

Kreative Ideen

Das verbindende Wegmotiv drückt sich in einem Spiralweg zur Weihnachtssterngeschichte und einer Prozession zur Traumengelgeschichte aus.

Der Weg der Weisen – Erzählung mit Spiral-Labyrinth

In der Mitte liegt eine Spirale aus weißen Tüchern (Bettlaken; erinnert an Schnee und an die unbeschriebenen Kalenderblätter des neuen Jahres, etc.). In der Mitte der Spirale ist die Krippenszene aufgebaut und dabei brennt eine große weiße Kerze. Im »Eingang« der Spirale liegt ein großer Stern. Matthäus 2,1–12 wird erzählt. Dabei geht der Erzähler (mit Teelicht in der Hosentasche) immer weiter in die Spirale hinein, bis er in der Mitte ankommt, sein Licht entzündet und damit zum Ausgang der Spirale herauskommt. Nach der Erzählung werden die Kinder aufgefordert, ebenfalls diesen »Weg der Weisen« zu gehen, und sich das Weihnachtslicht schenken zu lassen. An einem Platz ihrer Wahl stellen sie ihr Licht auf die Tuchspirale.

Erzählung mit Engel, Klängen und einer Prozession

Beteiligte Personen: ErzählerIn, TeamerIn mit Zimbeln, TeamerIn mit Engel

Joseph träumt einen Engel

ErzählerIn: Als die Könige abgereist waren, da war viel von der weihnachtlichen Aufregung für Maria, Josef und das Jesuskind vorbei. Aber es kamen weiterhin täglich Leute zum Stall. Sie hatten von dem Wunder gehört. Sie wollten das Jesuskind sehen, eine Weile niederknien und es vorsichtig berühren. Manche baten es um Rat, um Hilfe in ihrer Not.

Arme kamen und Kranke, auch Kinder ... ob denn das Jesuskind schon helfen konnte? Das Licht, das von ihm ausging, sahen vielleicht nicht alle, aber die, die es sahen, verließen den Stall und strahlten selbst glücklich über das ganze Gesicht. Und vielen von denen wurde tatsächlich geholfen ...
Abends waren Maria, Josef und das Kind wieder allein und sehr müde von den vielen Menschen. Wenn sich dann die Nacht über den Stall senkte, schliefen sie ein. Das Jesuskind schlief in der Futterkrippe. Für Maria hatte Josef mit den Schaffellen der Hirten ein Lager gemacht. Und, wenn sogar der Ochse und der Esel schliefen, dann rollte sich auch Josef im Stroh ein und deckte sich mit seinem Mantel zu ... und machte die Augen zu ... und schlief ein.
Eines Nachts hatte er einen Traum. Er sah sich selbst schlafend im Stroh liegen und alles im Stall war dunkel. Doch dann sah er einen kleinen hellen Fleck, der auf ihn zu kam, und sich allmählich ausbreitete. Um ihn wurde es heller und in dem Licht ahnte er eine Gestalt und hörte eine Stimme. Eine Stimme – nicht von dieser Welt – eine himmlische Stimme.
Eine TeamerIn macht leise Triangel- oder Zimbeltöne bis alle Kinder auf den Klang hören, dann tritt eine andere mit dem Engel in den Kreis.
Ein Engel stand da. Und der Engel sprach zu Josef
TeamerIn mit Engel: »Steh auf, nimm das Kind und seine Mutter und flieh nach Ägypten. Dort bleibe, bis ich dir etwas anderes auftrage, denn Herodes wird das Kind suchen, um es zu töten«.
ErzählerIn: Und das Traumbild verschwand und mit ihm der Engel. Josef erschrak so sehr über diesen Traum, dass er aus dem Schlaf hochfuhr. Er war plötzlich hellwach und stand sofort auf. Sein Herz schlug wie wild in seiner Brust. Er dachte: »Dieser Herodes, dieser böseste aller Könige! Um Gottes willen, ich muss etwas tun!«. So schnell er konnte weckte er Maria. Er erzählte ihr in aller Eile von dem Engel und was er gesagt hatte. Dann packte er ein paar allernotwendigste Sachen auf den Rücken des Esels, half auch Maria mit Jesus hinauf und brach auf – es war noch tiefe Nacht.
Der Weg durch Bethlehem war dunkel. Die Menschen schliefen noch. Josef führte den Esel am Halfter. »Weg, nur weg hier!«, dachte Josef. Aber – war dies die richtige Richtung nach Ägypten? – Oder landeten sie am Ende in Jerusalem, in der Höhle des Löwen? Josef hatte Angst. Er musste unbedingt den richtigen Weg finden: Was war das? Da vorn, ein schwaches Licht oder bildete er sich das ein? Es bewegte sich. War das schon länger da? »Sieh nur, Josef, den hellen Schein dort,« sagte nun auch leise Maria. »Ja«, antwortete Josef. »Ich folge, lieber Engel«, dachte Josef. Und er ging weiter, Schritt für Schritt.

Lied »Siehe, ich sende einen Engel vor dir her« (Kanon für 3 Stimmen)

Text: 2 Mose 23,20, Melodie: Siegfried Macht
Aus: Siegfried Macht: Gesangbuchlieder als Tänze entdecken, © Strube Verlag, München/Berlin 2007.

Pilgerschritt

In der lange Reihe fassen alle mit ihrer rechten Hand auf die linke Schulter des Vorgängers oder der Vorgängerin und lassen sich mit der folgenden einfachen Schrittfolge führen: 3 Schritte vorwärts, 1 Schritt rückwärts (und von vorn).

Prozession durch die Kirche

TeamerIn geht mit dem Engel voran. Alle finden sich wieder im Kreis zusammen, setzen sich und hören das Ende der Geschichte:

ErzählerIn: Maria, Josef und das Jesuskind blieben eine Zeit lang in Ägypten. Aber sie hatten Heimweh. »Ach, könnten wir doch wieder nach Hause«, seufzte Maria oft. Und sie erzählte dem Jesuskind viel von ihrer Familie und ihren Freunden in Nazareth. Aber sie hatten auch große Angst, denn Herodes hatte das Jesuskind nicht vergessen. Darum blieben sie in Ägypten.

Da geschah es eines Nachts wieder, dass Josef im Traum den Engel sah und hörte, was der Engel sagte:

TeamerIn mit Engel: »Steh auf und nimm das Kind und seine Mutter und zieh in das Land Israel; denn Herodes, der es töten wollte, ist tot.«

ErzählerIn: Da stand Josef auf. Er wusste, dass die Gefahr endlich vorbei war. Gott sei Dank! Und er zog mit Maria und dem Jesuskind in das Land Israel. Und kam nach Nazareth. Und baute ein Haus für Maria und das Kind und sich. Und Jesus wurde groß und stark im Glauben und viele liebten ihn.

Basteln

Engel am Stab für die Prozession

Der Engel ist ca. 30 cm hoch und 50 cm breit. Er wird zwei Mal (spiegelbildlich) auf weißen Fotokarton gezeichnet, mit Jaxonkreiden angemalt, zusammengeklebt und auf einen langen Besenstiel gesteckt.

Zeichnung: Ulrike Lenz (nach einer Holzskulptur von Norbert Pohl, Berlin)

Der Engel wird vor dem Gottesdienst hergestellt. Ein Vorbereitungsabend im Team mit Gesprächen über Schutzengel im Leben von Erwachsenen und Kindern und dem gemeinsamen Basteln ist ein schöner Einstieg ins neue Jahr. Man kann den Engel aber auch mit den Kindern in einer ersten Phase der Kinderkirche, z.B. im Gemeindehaus herstellen, und dann in die Kirche zum Gottesdienst mit hinüber nehmen. Verborgen wartet er auf seinen Einsatz. Auf einmal taucht er als Traumengel in der Geschichte auf. In der besonderen Atmosphäre der Kirche und in der Geschichte erscheint er dann fremd und schön. Die Kinder sollen überrascht sein vom Auftritt des Engels. Schließlich kommen Engel von Gott.

Stichworte:

Engel, Josef, Traum, Prozession, Segen, Gebet, Flucht nach Ägypten, Herodes, Weise aus dem Morgenland, Heilige drei Könige, Sternsinger, neues Jahr, Weihnachtszeit

Ulrike Lenz

Jakob – Gott sagt Ja zu dir

15.01.2012
(2. Sonntag nach Epiphanias)
Gottes Segen ist trotzdem da
(1 Mose 25,19–28; 27,1–45 i.A.)

22.01.2012
(3. Sonntag nach Epiphanias)
Gott begegnet Jakob
(1 Mose 28,10–22)

29.01.2012
(Letzter Sonntag nach Epiphanias)
Gott begleitet Jakob
(1 Mose 29–31 i.A.)

05.02.2012
(Septuagesimä)
Gott lässt mit sich ringen
(1 Mose 32)

12.02.2012
(Sexagesimä)
Gott versöhnt die Brüder
(1 Mose 33,1–20)

Gott sagt Ja zu Jakob! – Gott sagt Ja zu uns! Zwei Linien ziehen sich durch diese Einheit: Jakobs schillernde Persönlichkeit und Gottes Segen!
Diesen Segen will Jakob um jeden Preis und er bekommt ihn auch. In Jakob können wir viel von uns selbst entdecken. In der Beziehung von Jakob und Esau erkennen Kinder mit ihren Geschwistern sich selbst wieder. Schwäche und Stärke, Wut und Angst, Trauer und Ohnmacht sind Gefühle, die sie in ihrem Alltag in der Familie, im Kindergarten und in der Schule immer wieder erfahren. Hier können sie sich mit Jakob identifizieren. Aber sie werden es auch als ungerecht empfinden, dass Gott so barmherzig mit Jakob umgeht, denn der hat ja einen Betrug begangen! Gottes Handeln übersteigt oft unsere Maßstäbe. Vielleicht haben die Kinder schon selbst erfahren, wie befreiend es ist, wenn nicht in jedem Fall bittere Konsequenzen aus der eigenen Schuld folgen. Der verheißene und der gespendete Segen ist ein zentrales Thema in den ältesten Geschichten der Bibel.

Segen wird geschenkt.
Segen gibt Kraft zum Leben.
Segen ist unwiderruflich.
Segen macht Versöhnung möglich.
Segen gibt es in einer großen Fülle.

Wo haben wir und die Kinder bisher Segen erfahren? War der Segen lediglich der Abschluss des Gottesdienstes? In den Gottesdiensten soll die gute, wohltuende und stärkende Kraft des Segens erfahren und erlebt werden. Dies kann in Worten, Gesten oder Symbolen geschehen.

Liturgische Gestaltung

Zusammenkommen – sich Gott zuwenden

Lobet den Herrn *(Psalmgebet nach Psalm 103)*
Dieses Psalmgebet kann durch die ganze Reihe begleiten.

Alle: *Lobet den Herrn von ganzem Herzen.*
Eine(r): Ich will mich über Gott freuen.
Mit Herz und Verstand will ich ihn loben.
Alle: *Lobet den Herren von ganzem Herzen.*
Eine(r): Ich will mich über den Herren freuen
und will nicht vergessen,
was ich Gutes von ihm bekommen habe.
Alle: *Lobet den Herrn von ganzem Herzen.*
Eine(r): Er hat mir alle meine Schuld vergeben.
Er hat mir meine Fehler nicht aufgerechnet.
Das hat mich froh gemacht.
Alle: *Lobet den Herrn von ganzem Herzen.*
Eine(r): Er hat mich stark gemacht.
Solange ich lebe,
wird er für mich sorgen.

Alle (Lied): Ich lobe meinen Gott (EG 272)

Hören – Antworten

Die Kinder sagen, für wen oder was sie Gottes Segen erbitten. Teelichte oder kleine Kerzen stehen bereit, die nach der Segensbitte an der Osterkerze angezündet und dann auf dem Altar, einem separaten Tisch oder in einer gestalteten Mitte abgestellt werden. Während dessen singen alle:

2. Gott, segne die Lieben, die mich begleiten!
Gott, segne den Mund, der zu mir spricht!
Segne die Zeit für Kleinigkeiten,
segne mein Herz mit Zuversicht!

3. Gott, segne die Sonne, den Mond, die Sterne!
Gott, segne den Tag und auch die Nacht!
Segne den Freund in weiter Ferne,
segne all das, was Freude macht!

1. Strophe wiederholen

Text: Eckart Bücken, Melodie: Reinhard Horn: Welt-Segenslieder für Kinder, © KONTAKTE Musikverlag, Lippstadt.

Sendung – Segen

Die Kinder »antworten« mit Bewegungen auf die einzelnen Segensbitten. Dazu stehen alle im Kreis.

Der Herr sei vor dir, um dir den rechten Weg zu weisen.	*Wir halten die Hände ausgestreckt vor uns.*
Der Herr sei neben dir, um dich in die Arme zu schließen und zu schützen.	*Wir halten die Hände hinter den Rücken unserer Nachbarn.*
Der Herr sei unter dir, um dich aufzufangen, wenn du fällst.	*Wir halten die Hände angewinkelt vor uns.*
Der Herr sei in dir, um dich zu trösten, wenn du traurig bist.	*Wir kreuzen die Arme vor der Brust.*
Der Herr sei um dich herum, um dich zu verteidigen, wenn Böses droht.	*Wir drehen uns um unsere Achse.*
Der Herr sei über dir, um dich zu segnen.	*Wir halten die Hände geöffnet nach oben.*
So segne uns Gott, der Vater, der Sohn und der Heilige Geist.	*Alle fassen sich an den Händen.*
Amen.	*Alle verbeugen sich nach innen.*

Geschwisterrivalitäten gibt es immer. Lachen, weinen und streiten liegen dicht beieinander. Die Versöhnung fällt oft dann schwer, wenn sich einer von beiden ungerecht behandelt fühlt. Aussöhnen kann man sich, wenn man sich sicher und getragen fühlt. Für Jakob war dies möglich, weil er sich bewusst war, dass sein Leben unter Gottes Segen gestanden hat.

Mein Bruder!

Mama, Papa, mein Bruder Himpel und ich ... das ist unsere Familie. Den Vornamen hat jeder für sich, den Nachnamen haben wir alle zusammen.
Doch mein Bruder heißt in Wirklichkeit gar nicht Himpel, sondern Philipp. Aber so nennt ihn kein Mensch. Mama versucht es ab und zu. Sie sagt, sonst heißt er auch noch Himpel, wenn er längst erwachsen ist. Aber manchmal vergisst sie das auch.
Ich nenne Himpel »Phillliippp«, wenn ich wütend auf ihn bin. Und das bin ich leider ziemlich oft. Denn mein lieber Bruder kann schon ganz schön blöd sein. Das kommt dann zum Beispiel so: Ich sitze ganz gemütlich in meiner Kuschelecke und spiele mit meinem Playmobil-Zoo. Da begießt mich der blöde Kerl von hinten mit der Blumengießkanne. Oder ich verschönere gerade mein Reli-Heft, als er ganz zufällig an meinem Stuhl ruckelt. Natürlich nur aus Versehen! In Wirklichkeit war das aber volle Absicht. Ich hatte einen Filzstiftstrich quer über die Seite. Die ganze Seite musste ich noch einmal neu machen. Da wäre doch wohl jeder sauer geworden, oder? Wenn ich eine Spinne sehe, muss ich leider kreischen. Was macht Himpel? Er fängt eine riesengroße Spinne und lässt sie über den Badezimmerboden laufen, während ich in der Dusche bin. Ich öffne die Tür von der Dusche und ein Riesenmonster sitzt davor. Da kann man doch nur noch schreien! Einfach grausam! Doch den Ärger mit Papa bekomme ich. Dabei habe ich doch nichts gemacht. Total ungerecht ist das!
Andererseits kann Himpel auch ganz nett sein. Wenn er zum Beispiel bei Herrn Koch, unserem Nachbarn, in seinem riesengroßen Garten war und dort ein paar Pfirsiche bekommen hat, isst er die nicht sofort auf, sondern bringt sie mit nach Hause. Ich bekomme dann immer die Hälfte davon ab. Das ist doch echt lieb!
Zum Geburtstag hatte er ein neues Kickboard bekommen. Da brauchte er seinen Roller nicht mehr. Der Roller war auch schon ein bisschen zerkratzt. Von seinem Taschengeld hat Himpel dann Farbe – Pink! – gekauft. Die Kratzer sind jetzt unter pinkfarbenen Herzen und Sternen verschwunden. Und den Roller hat er mir dann geschenkt!
Manchmal denke ich, dass ich zwei Brüder habe: Den echt ätzenden Philipp und den lieben Himpel!

Doris Dirwald

Kreative Ideen

Jakobs Weg

In unseren Gottesdiensten begleiten wir Jakob auf seinem Weg, der wirklich »sonderbar« anmutet. Doch Gottes Zusage, sein Segen, begleitet ihn immer, auch in den alltäglichsten Dingen. Dieser Segen kann aber ganz unterschiedlich aussehen.

Auf einer Stoff- oder Papierbahn gestalten wir den Weg Jakobs. Dabei werden zu den einzelnen Stationen Symbole gebastelt:

- segnende Hand (aus Papier ausgeschnitten oder aus Modelliermasse)
- »Traumfänger«
- Menschen und Tiere (aus Modelliermasse)
- aufgehende Sonne
- geöffnete Hand

Begleitend singen wir das Lied »**Jakobs Weg war sonderbar«.**

2. Jakobs Weg war sonderbar. Der Bruder hasste ihn.
   Jakob musste eilends fort, in fremdes Land entfliehn.

3. Jakobs Weg war sonderbar. Sein Reichtum war sehr groß.
   Aber groß war auch die Schuld. Er kam nicht davon los.

4. Jakobs Weg war sonderbar. Er kämpfte auch mit Gott,
   hielt ihn fest die ganze Nacht. Da kam das Morgenrot.

5. Jakobs Weg war sonderbar. Als er zum Bruder kam,
   konnten beide sich verzeihn, vergessen Schuld und Gram.

6. Jakobs Weg war sonderbar. Man kann es deutlich sehn:
   Gott will segnen, ob wir auch auf krummen Wegen gehen.

Segenskarte

Der Segen, der Jakob von Isaak zugesprochen wurde, hat eine umfassendere, beinahe schon politische Bedeutung: »... in dir sind gesegnet alle Völker!«
Von Gott wird Jakob mit dem gleichen Segen wie Abraham (»Ich bin mit dir.«) gesegnet. In dieser Tradition stehen alle unter dem Segen und sind auch Segensträger.

Entwurf: Karl-Heinz Dirwald

Vorbereitete Karten mit der Zusage »*Gott sei ...*« werden verteilt. Jeder kann diese Karte ausmalen oder bekleben. In die Mitte wird ein Portrait-Foto geklebt. Die gestalteten Karten können an eine Leiter gehängt werden.

Stichworte:
Jakob, Segen, Weg, Begleitung, Rivalität, Zusage

Karl-Heinz Dirwald

»Dein Glaube hat dir geholfen«
Vertrauen in die Macht Gottes

19.02.2012
(Estomihi)
»Als er ihren Glauben sah« – Die Heilung des Gelähmten (Matthäus 9,1–8)

26.02.2012
(Invocavit)
»Du Kleingläubiger« – Der sinkende Petrus (Matthäus 14,22–33)

04.03.2012
(Reminiszere)
»Dein Glaube hat dir geholfen« – Die Heilung der blutflüssigen Frau Matthäus 9,20–22

Die drei Geschichten dieser kurzen Reihe erzählen vom Glauben, aber nicht so, dass der Glaube von vornherein unerschütterliches Vertrauen darstellt, sondern so, dass sich in ihm Vertrauen und Zweifel begegnen.
Die Heilung des Gelähmten erzählt nichts vom Glauben des gelähmten Menschen. Auffällig ist, dass er mit Jesus kein Wort wechselt. Ob er an der Aktion seiner Freunde zweifelte oder sich willig darauf einließ, wissen wir nicht. Der Glaube der Freunde setzt stellvertretend für den gelähmten Menschen seine Kraft ein und befreit den Gelähmten von seiner Last.
In der Jüngererzählung auf dem See begegnen sich Glaube und Zweifel in einer Person: Petrus lässt sich auf den ihm entgegen gehenden Jesus ein; wie von Flügeln getragen geht er erste Schritte auf dem See. Doch dann bläst ihm der Wind dermaßen um die Ohren, dass er beginnt, in seiner Angst zu versinken.
Die namenlose Frau wagt es nicht, an Jesus direkt heranzutreten, geschweige denn ihm in die Augen zu schauen, sondern schleicht sich von hinten heran. Doch in ihrer zaghaften Sehnsucht spiegelt sich so viel Vertrauen, dass Jesus diese Frau sofort wahrnimmt, die in unerhörter Weise gesellschaftliche Schranken überwindet, um seine Quasten am Überwurf zu ergreifen.

Der *Glaube, in dem sich Zweifel und Vertrauen begegnen*, hat die Kraft,

- von Lasten zu befreien,
- dem Menschen Flügel zu verleihen,
- Unerhörtes zu wagen.

Liturgische Gestaltung

Hören – Antworten

Die Erzählung wird vor dem Kreativteil aufgenommen in »Mutmachliedern«, die die Kinder mehrfach singen. Die Lieder können mit Orff-Instrumenten durch die Kinder begleitet werden.

Mutmachlieder nach der Erzählung:

»Nada te turbe …«

Nichts beunruhige dich, nichts ängstige dich:
Wer Gott hat, dem fehlt nichts. Gott allein genügt. (Teresa von Avila)

Musik: Jaques Berthier, aus: Gesänge aus Taizé Nr. 50,

Weitere Mutmachlieder:

Du Gott stützt mich …
Dorle Schönhals-Schlaudt, in vielen Veröffentlichungen
z. B. *Kindergottesdienst praktisch 2011, S. 32*

Gottes Hand hält uns fest …
Bernd Schlaudt, Das Kindergesangbuch, Claudius, Nr. 114

Du verwandelst meine Trauer …
Bernd Schlaudt, Das Kindergesangbuch, Claudius, Nr. 198

Sendung – Segen

Die Kinder stellen sich am Ende des Kindergottesdienstes zum Segenskreis auf:

Gott segne mich. *Arme und Hände am Körper* 	Gott, beschütze mich. *Arme und Hände vor der Brust verschränkt* 	Gott, behüte mich. *Hände über dem Kopf zu einem Hut formen* 
Gott, nimm die Sorgen von mir. *Arme rechts und links abstreifen* 	Gott, schenke mir ein frohes Herz. *Hände vor die Brust schlagen* 	Gott segne mich. *auf sich selbst zeigen* 
	und dich. Amen. *auf jemanden im Kreis zeigen* 	

Zeichnungen: Gudrun Luise Helm

Kurzgeschichte

Kinder, die den Kindergottesdienst besuchen, erleben manchmal in der Schule, dass sie auf Unverständnis stoßen. »Glaubst du das wirklich?«, werden sie von ihren KlassenkameradInnen gefragt und trauen sich dann manchmal gar nicht mehr, überhaupt noch etwas über ihren Glauben zu erzählen, werden unsicher.
Diese Erfahrung nimmt ein Dialog zwischen zwei Handpuppen auf: Mönchspuppe »Martinus« (M) und Mädchenpuppe »Lucy« (L). (Handpuppen: www.living-puppets.de, falls nur eine Handpuppe zur Verfügung steht, kann der Dialog auch zwischen MitarbeiterIn und Lucy geführt werden).

(M) *sortiert Kindergottesdienst-Utensilien und summt dabei das Lied »Du Gott stützt mich«*
Lucy taucht auf, Martinus entdeckt sie und winkt.
(M) Hallo Lucy! *Lucy schaut zur Seite und geht weiter.*
(M) Hallo Lucy, siehst du mich nicht?
(L) Lass mich in Ruhe.
(M) Was ist denn mit dir los? Du tust gerade so, als ob du mich nicht kennst.

(L) Ich komm auch nicht mehr in den Kindergottesdienst.

(M) Was? Warum das denn nicht?

(L) Die in meiner Klasse lachen mich aus und der Nils hat gesagt, dass sein Papa genau weiß, dass das alles nicht stimmt, mit Gott und so.

(M) Und was hast du dem Nils geantwortet?

(L) Dass er das gar nicht sagen kann, weil er die Geschichten von Gott überhaupt nicht richtig kennt. Aber ich weiß auch gar nicht mehr, was jetzt richtig ist. Glaubst du, dass Gott da ist?

(M) Manchmal, da merk ich ganz genau, dass Gott da ist, dann hab ich Mut.
Und manchmal, da fühl ich mich ganz allein, dann glaube ich gerade gar nicht so viel. Aber Jesus hat mal gesagt, unser Vertrauen zu Gott braucht nur so klein zu sein wie ein Senfkorn. Das ist ganz schön mini-klein, aber das reicht schon. Denn Gott ist immer da.

(L) *fängt an das Lied zu summen »Du Gott stützt mich«*

(M) Hey, du summst ja unser Kindergottesdienstlied. *Martinus summt mit und fängt dann an zu singen, Lucy steigt mit ein.*

(L) Tschüss bis zum nächsten Kindergottesdienst!
Lucy lacht und winkt.

Kreative Ideen

Lastenträger-Spiel (Heilung eines Gelähmten)

Der Glaube der Freunde steht in dieser Erzählung im Mittelpunkt. Er bewirkt, dass der Gelähmte sich wieder frei bewegen kann. Entsprechend heißt es in Mt 9,8: Gott hat solche Macht den Menschen gegeben. Gemeint ist damit die Kraft, anderen Last und Schuld abzunehmen, damit Glaube möglich werden kann. Die Kinder setzen dies spielerisch im Lastenträger-Spiel um:

Material:
Ytong-Steine (15 cm x 15 cm x 15 cm – Bauzentrum), Meißel (alternativ: Stifte) Papier, Tesakrepp, Besenstiel, 2 Bastkörbe

In die Ytong-Steine meißeln die Kinder Bilder oder Begriffe zu Situationen, die sie und andere verletzen (z.B. Auslachen/großer Mund, Treten/Bein, Klauen/ geschlossene Hand, Schlagen/Faust, etc.). (Alternativ können die Begriffe auch auf ein kleines Blatt gemalt und dann auf die Steine geklebt werden.)

An eine Besenstange werden rechts und links zwei Bastkörbe gehängt und die Steine hineingelegt.
Nun wird die Besenstange wie ein Joch über die Schulter eines Kindes gelegt.

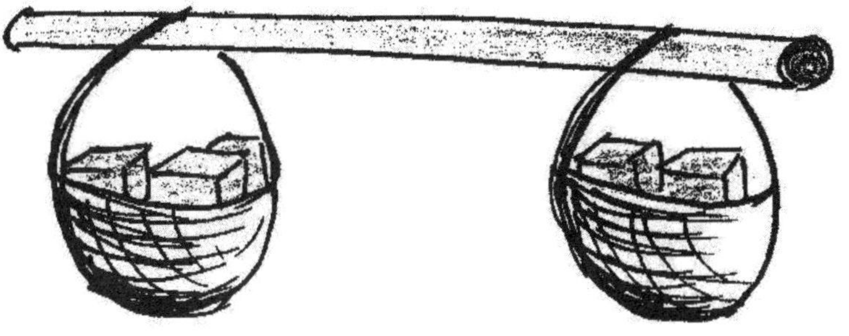

Zeichnung: Gudrun Luise Helm

Die anderen Kinder holen nun Stein für Stein aus den Körben, so dass das Kind wieder sicher stehen kann. (Jedes Kind kommt einmal als Jochträger dran.)
(Die Ytong-Steine können in späteren KiGos weitere Verwendung finden, z.B. um die eigene Kinderkirche zu bauen. Dazu die Steine mit Montagekleber aufeinander kleben. Kanten können abgesägt, Verzierungen eingemeißelt werden. Die Kinderkirche anschließend ganz mit weißer Acrylfarbe bemalen, darüber entsprechend bunt. Angemalt ist die Kinderkirche wetterfest und kann an dekorativer Stelle in den Kirchgarten gestellt werden.)

Vertrauensspiele (Heilung eines Gelähmten)

Weitere Vertrauensspiele bieten sich für diesen Sonntag an:

Gelähmt malen: Zwei Kinder sitzen gegenüber an einem Tisch. In der Mitte liegt ein Blatt Papier. Ein Kind hält einen Stift in der Hand und streckt seinen Arm steif aus. Das andere Kind versucht nun Hand und Arm des ersten Kindes so zu führen, dass es mit seiner Hand malen kann.

Einander führen: Ein Kind hat die Augen verbunden, ein zweites Kind führt es durch den Raum und achtet dabei darauf, dass es nirgends anstößt. Danach wird gewechselt.

Gelähmten tragen: Ein Kind liegt auf einer Decke. An den vier Enden tragen es vier weitere Kinder durch den Raum, ohne dabei über den Boden zu schleifen.

Vertrauens-Schiffsplanken (sinkender Petrus)

Das Lebensschiff des Petrus droht unterzugehen, doch dem sinkenden Jünger streckt Jesus die rettende Hand entgegen. Er lässt seinen Kleinglauben nicht untergehen.
Die Kinder gestalten dazu kleine Schiffsplanken aus Holz.

Material:
Dachlatte, Säge, Schleifpapier, Lötkolben, große Schale (möglich ist auch, die Taufschale zu benutzen), Namensschilder der Kinder

Die Dachlatte wird in kleine Holzabschnitte zersägt (5 cm x 3 cm x 4 cm). Die Kinder schleifen die Kanten ab. Auf die Vorderseite wird mit dem Lötkolben JESUS eingebrannt, auf die Rückseite ein von den Kindern gewähltes Motiv (z.B. Kreuz, Fisch, Herz)

Jede Schiffsplanke erhält ein Namensschild, damit am nächsten Sonntag daran weiter gearbeitet werden kann.

Zeichnung: Gudrun Luise Helm

Die Schale wird mit Wasser gefüllt. Die Kinder lassen ihre kleinen Schiffsplanken darauf schwimmen.

Handschmeichler mit Quaste (Heilung der Frau)

Die namenlose Frau hält sich an Jesu Gewand fest, das heißt, sie ergreift eine der Quasten, die an Jesu Überwurf festgenäht waren (vgl. 4 Mose 15,37ff.). Unser Glaube braucht Vergewisserung, die uns erinnern lässt, dass Gott uns in Jesus Christus nah ist. Ein kleines Zeichen solcher Vergewisserung kann der Handschmeichler mit Quaste für die Kinder sein.

Material:
Kleine Schiffsplanke vom vergangenen Sonntag, Ringschraube (Baumarkt), Wolle (fest gedreht, z. B. Strumpfwolle)

Die Kinder stellen sich kleine Quasten her. Dafür die Wolle in maximal 15 cm lange Fäden schneiden; die 15 cm langen Fäden mit einer Schlaufe zusammenbinden; mit dem hängenden Faden wird später die Quaste an die Ringschraube geknotet. Mit einem zweiten langen Doppelfaden den Kopf der Quaste abbinden. Den Kopf mehrfach mit dem langen Doppelfaden vernähen.
In das linke Ende der Schiffsplanke wird eine Ringschraube gedreht, die Quaste daran befestigt.

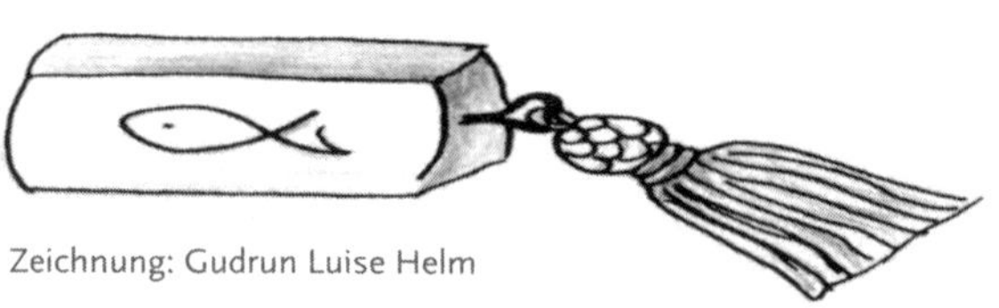

Zeichnung: Gudrun Luise Helm

Stichworte:
Glaube, Vertrauen, Zweifel, Kraft, Schuld, Last, Heilung

Gudrun Luise Helm

Jesus wird einsam – sein Weg spitzt sich zu

11.03.2012
(Okuli)
Mit Jesus nach Jerusalem – viele jubeln ihm zu. Und die anderen?
(Matthäus 21,1–11)

18.03.2012
(Lätare)
Mit Jesus Abschied feiern – Jesu Freunde feiern mit. Und dann?
(Matthäus 26,17–30.47–56)

25.03.2012
(Judika)
Mit Jesus in die Gefangenschaft – Wirklich?
(Matthäus 26,31–35.57–75)

01.04.2012
(Palmarum)
Jesus vor Gericht – allein mit Gott
(Matthäus 27,1–2.11–26)

06.04.2012
(Karfreitag)
Jesus stirbt – allein?
(Matthäus 27,27–54)

08./09.04.2012
(Ostern)
Jesus lebt mit uns – fürchtet euch nicht!
(Matthäus 28,1–10)

Dies ist eine Reihe von Gottesdiensten für Menschen, die Musik lieben. Die Passionsgeschichten des Matthäus beeindrucken Menschen in ihrem Glauben, was diese wiederum zum Ausdruck bringen können. Komponisten tun das in ihrer Musik. Die Kinder können sich von den biblischen Geschichten beeindrucken lassen und ihre Eindrücke schildern. Sie erspüren, wie die Komponisten Johann Sebastian Bach und Friedrich Händel sich auch haben beeindrucken lassen und es in ihren Werken ausdrücken. Liturgische Schritte und kreative Gestaltung werden von diesen musikalischen Eindrücken begleitet.
Ideal wäre zur Vorbereitung der Einheit die Zusammenarbeit mit einem Kantor oder einer Kantorin. Wenn das nicht möglich ist, reicht auch CD-Musik mit der *Matthäus-Passion* von Bach, sowie dem *Halleluja* und *Tochter Zion* von Händel. Die Ideen und Bausteine dieser Einheit eignen sich ebenso für einen Thementag mit Kindern oder einen monatlichen Gottesdienst. Die verschiedenen Gestaltungsreihen können individuell zusammengesetzt und der Gruppe angepasst werden.

Liturgische Gestaltung

Zusammenkommen – sich Gott zuwenden

Sich vom Bibelwort beeindrucken lassen und dem Eindruck Ausdruck geben: In der Mitte ist aus einem Band oder Seil die Umrandung eines Kreuzes gelegt. Alle haben je ein schwarzes Tuch (am besten 30 cm x 30 cm zugeschnittener Pannesamt), ein Teelicht im Glas und an Ostern auch eine Blume zur Verfügung.

Psalmgebet in drei Teilen

Klage (nach Psalm 22)
Gott, ach Gott, warum hast Du mich verlassen?
Warum hilfst Du mir nicht, wenn ich nach Dir schreie?
Wo bist Du? Lass mich nicht allein!
Die Angstmonster umzingeln mich und kreisen mich ein wie wilde Stiere. Sie reißen ihre Mäuler auf, brüllen mich an wie hungrige Löwen. Und ich? Ich zerfließe wie ausgeschüttetes Wasser, meine Knochen fallen auseinander. Mein Herz zerschmilzt in mir wie Wachs. Meine Kehle ist ausgedörrt, die Zunge klebt mir am Gaumen, ich sehe mich schon tot da liegen – und Du guckst einfach zu! Siehst Du es nicht? Eine dunkle Monsterbande hat mich umstellt; Hunde sind sie, die mir keinen Ausweg lassen. Sie zerfetzen mir Hände und Füße. Alle meine Rippen kann ich zählen; und sie stehen dabei und gaffen mich an. Schon pokern sie um meine Sachen und verteilen sie unter sich. Ach Gott, wo bist Du? Hilf mir doch endlich! Rette mich! Tu sie weg! Gott, hilf mir!

Zur Hintergrundmusik »O Haupt voll Blut und Wunden« (Matthäus-Passion, mehrmals wiederholen) ... kann jedes Kind mit seinem schwarzen Tuch seine Ängste und Traurigkeiten ausdrücken, das Tuch kneten, knüllen, Tränen abwischen, über die Augen legen, zusammenlegen, ausbreiten und schließlich in der Mitte ablegen.

Hoffnung (nach Psalm 27)
Gott ist mein Licht und mein Heil;
wovor sollte ich mich fürchten?
Gott ist die Kraft für mein Leben;
vor wem soll ich da Angst haben?
Vertraue auf Gott!
Sei ruhig und getröstet und vertraue auf Gott!

Zur Hintergrundmusik »Befiehl du deine Wege« (Matthäus-Passion, mehrmals wiederholen) ... kann jedes Kind ein Hoffnungslicht auf sein schwarzes Tuch in die Mitte stellen und anzünden.

Am letzten Sonntag kann gleich mit dem Osterpsalm begonnen werden. Es ist aber auch am frühen Ostermorgen möglich, Klage und Hoffnung voranzustellen und dann erst in den Osterjubel einzufallen.

Osterfreude (nach Psalm 118)
Halleluja! – Dies ist Gottes Tag der Freude!
Halleluja! – Lasst uns fröhlich feiern!
Halleluja! – Schmückt das Fest,
singt, lobt und dankt unserm Gott,
denn er ist freundlich und gut.

Er ist der Gott des Lebens für immer und alle Zeiten!
Halleluja!

Zur Melodie von Händels Halleluja legen die Kinder Blumen zu den schwarzen Tüchern und den Lichtern in die Mitte. Das Kreuz wird so zum Zeichen neuen Lebens inmitten von Ängsten, Trauer und Hoffnung.

Sendung – Segen

Segenskreis zu Chor und Arie »Sehet, Jesus hat die Hand uns zu fassen ausgespannt.«

Beim Beginn der Musik stellen wir uns im Kreis auf und nehmen uns an die Hand (*hat die Hand uns zu fassen ausgespannt*). Angefasst bewegen wir uns zur Musik im Kreis bis der Chor singt »*Wohin?*«. Dann gehen wir langsam zur Mitte und legen einander die Arme auf die Schultern *(in Jesu Armen*). Nach einem kurzen Moment des Verharrens gehen wir zurück in den Kreis und die Kinder falten die Hände. Ein/e Mitarbeitende/r geht zu jedem Kind, schaut ihm in die Augen und umschließt in einer bergenden Geste seine gefalteten Hände. Falls die Musik früher als die Segensrunde endet, in der Stille weiter segnen.

Kurzgeschichte

Die Kurzgeschichte kann in das Thema einführen: Wie wurden Komponisten von den Passions- und Ostergeschichten in ihrem Glauben beeindruckt und wie konnten sie ihren Glauben in der Musik ausdrücken. Wie entstanden Oratorien?

Annabelle zieht die Tür hinter sich zu. »Komm, Annabelle, wir gehen diesmal zu Fuß. Es ist so ein schöner Frühjahrsabend!« Annabelles Mutter hat Recht: Es duftet ganz intensiv nach frischer Erde und der Schnee der letzten Monate ist weggetaut. Es ist März und in vier Wochen gibt es schon Osterferien, denkt Annabelle. Annabelle und ihre Mutter sind wie immer freitags abends auf dem Weg zur Kirchenchorprobe. Seit kurzem darf sie mitsingen. »Heute Abend üben wir sicher wieder am tollen Halleluja, was meinst du, Mama?«
»Oh, bestimmt! Zum Glück haben wir das vor ein paar Jahren schon gesungen, dann kennt man die Töne doch etwas besser. Aber du musst nun alles neu lernen und es gefällt dir doch gut, Annabelle, oder?« »Ja, es gefällt mir. Es gibt aber auch traurige Lieder. Aber man kann auch nichts Fröhliches singen, wenn Jesus stirbt. Das würde halt gar nicht passen! Aber das Halleluja ist anders.« »Klar«, meint Annabelles Mutter, »das

wird ja unser feierlicher Gesang für den Ostersonntag! Und der muss fröhlich klingen!«

Als Annabelle vor vier Wochen zum ersten Mal die Noten in der Hand gehalten hatte, war sie von der Menge total beeindruckt. Sie hatte sich zu ihrer Mutter rübergebeugt und geflüstert: »Und das alles werden wir an *einem* Tag singen?!« »Nein, an zweien: einmal an Karfreitag und einmal an Ostern. Genau so wie es zum Text der Bibel passt. Aber genau weiß ich es auch noch nicht.« Mitten in der Chorprobe wird Annabelle das auch nicht herausfinden; gleichzeitig Schwätzen und Singen geht nun mal nicht und so singt Annabelle lieber wieder mit: »O Haupt voll Blut und Wunden, voll Schmerz und voller Hohn ...«.

Aber nach der Chorprobe geht Annabelle zum Chorleiter. Sie mag es, wenn er dirigiert. Seine Bewegungen passen perfekt zur Musik. Wenn sie auf ihn schaut, weiß sie, wie sie singen soll. Herr Richtermann schaut Annabelle freundlich an.

»Wann singen wir denn die Bach-Choräle?«, fragt sie. »Oh, das wird spannend in diesem Jahr! Ich habe mir etwas Besonderes ausgedacht. Was wir singen werden, gehört in die Passionsgeschichten des Matthäus! Bach hat aus den Texten ein langes Musikstück gemacht. Wenn Bach komponiert hat, dann hat er gerade die Stücke, die wir singen, immer mit großer Sorgfalt ausgewählt und an eine ganz bestimmte Stelle gesetzt. Er hat auf diese Weise das, was er durch den Bibeltext empfindet, also seinen eigenen Glauben, mit Musik ausgedrückt.« Herr Richtermann blättert in den Noten und dann dreht er sein Notenbuch zu Annabelle hin. »Schau Annabelle, das sind die Noten des ganzen Stückes.« Annabelle schaut auf das dicke Buch und liest: »Johann Sebastian Bach – Die Matthäus-Passion«.

Herr Richtermann fragt: »Darf ich dir etwas zeigen, Annabelle?« Sie nickt. »Siehst du, hier zum Beispiel, da beteuert Petrus, dass er Jesus niemals verleugnen würde. Und die anderen Jünger sagen das auch! Da steht: *desgleichen sagten auch alle Jünger* Und genau in *diesem* Moment unterbricht Bach den Text der Bibel und lässt den Chor singen *Ich will hier bei dir stehen* – er lässt unseren eigenen Wunsch aussprechen!« »Unseren eigenen Wunsch?«, wundert sich Annabelle. »Na, wir wollen doch auch Jesus treu bleiben. Wir glauben doch an ihn.« Herr Richtermann schaut Annabelle ernst an und dann fährt er fort: »Oder hier ein anderes Beispiel: Ein wirklich trauriger Moment ist die Verurteilung Jesu. Und da lässt Bach den Chor singen: *Befiehl du deine Wege und was dein Herze kränkt*. Bach will uns damit sagen: Vertraue auf Gott. Er wird dein Leben lenken!«

Herr Richtermann schaut Annabelle an und sagt mit tiefer Stimme: »Und das glaube ich auch.« Annabelle räuspert sich und fragt dann vorsichtig: »Und wann singen wir jetzt?«

»Wenn wir in diesem Jahr an Karfreitag den Text aus der Bibel lesen, dann werden wir genau wie Bach an den Stellen anhalten, an denen der Chor die Choräle singen soll. Du hast sicher gemerkt, dass die meisten Choräle sogar die gleiche Melodie haben und nur der Text anders ist.« Annabelle nickt begeistert. Ja, *das* war ihr aufgefallen und sie ist richtig stolz, dass sie es bemerkt hat. »In der Matthäus-Passion hat Bach diese Melodie fünf Mal genommen!«, meint Herr Richtermann. »Und insgesamt gibt es über zehn unterschiedliche Liedtexte dazu! Das kannst du im Gesangbuch nachgucken. Da gibt es viele Lieder, die wir hier auch im Chor singen. Selbst »Tochter Zion« findest du darin!«

Die Kirchturmuhr schlägt zehn Mal. »Jetzt ist es aber spät geworden! – Vielen Dank,

Annabelle, dass du so lange zugehört hast. Wenn ich über Komponisten reden darf, ob Bach oder Händel, dann komme ich ins Schwärmen!« »Na«, meint Annabelles Mutter, die die ganze Zeit auch aufmerksam zugehört hat, »selbst ich weiß jetzt vieles mehr, Herr Richtermann.«
Auf dem Heimweg muss Annabelle viel nachdenken. Sie hat gemerkt, dass ihr die Choräle auch gefallen. Denn, auch wenn sie manchmal noch so traurig klingen mögen, es *ist schöne* Musik.

Jutta Schitter

Kreative Ideen

Die Geschichten des Matthäus über Passion und Auferstehung Jesu sollen in vier Schritten erschlossen werden:

- Sich von der Geschichte beeindrucken lassen (s.u. Kinderbibeltexte).
- Den Eindruck kreativ vertiefen.
- Hören, wie der Komponist seinen Eindruck zum Ausdruck gebracht hat.
- Auf einer Würfelseite meinem Eindruck Ausdruck geben.

Nach der Erzählung, Lesung oder Darstellung der biblischen Geschichte soll in einer kreativen Vertiefung ein Aspekt der Geschichte zum persönlichen Eindruck aufgegriffen werden. Dazu werden möglichst unterschiedliche Sinne angesprochen. Teilweise sollte die dazugehörige Musik jetzt schon eingearbeitet werden, teils wird ein anschließendes ruhiges Zuhören angebracht sein. Die Gestaltung des Würfels kann als kleine Bastel- und Klebearbeit nach Vorlage der Schablone geschehen. Dann werden die auf die Seiten kopierten Symbole bemalt oder leere Seiten mit einem Symbol beklebt. Man kann aber auch Holzwürfel beim Schreiner besorgen und diese ausgehend vom Symbol bekleben oder bemalen. Die Würfelform empfiehlt sich wegen der sechs Seiten und, weil so jedes Kind schließlich die Eindrücke mit nach Hause nehmen kann.

Sonntag-Bibelstelle-Thema	**Eindruck vertiefen**	**Musik**	**Würfel**
Okuli Matthäus 21,1–11 Einzug in Jerusalem	Einen Umzug zur Musik	Tochter Zion, Händel	Königskrone
Lätare Matthäus 26,17–30;47–56 Abendmahl und Gefangennahme	Abschiedsbrot essen »Verlassensein« als Legebild	Herzliebster Jesu, was hast du verbrochen, Bach	Weizenkorn und dunkles Herz
Judika Matthäus 26,31–35.57–75 vor dem Hohepriester/ Petrusverrat	An einer Spielpuppe die Gedanken und Gefühle des Petrus deutlich werden lassen	Ich will hier bei dir stehen, Bach	Hahn

Palmarum Matthäus 27,1–2.11–26 vor Pilatus	Eine Dornenkrone herstellen	Befiehl du deine Wege, Bach	Dornen-krone
Karfreitag Matthäus 27,27–54 Golgatha	Grabgestaltung mit Lege-material	O Haupt voll Blut und Wunden, Bach	Kreuz
Ostern Matthäus 28,1–10 Auferstehung	Ostertanz zur Musik	Halleluja, Händel	Ostersonne

Okuli

Im Anschluss an die biblische Geschichte veranstalten wir zur Musik von Händels »Tochter Zion« einen kleinen Umzug durch die Kirche. Selbst wenn der Choral von den Kindern selbst gesungen wird, ist der Eindruck nachvollziehbar, den ein königlicher Ein- oder Umzug auf Menschen macht. Wir können uns in jubelnde und kritische Zuschauer und in Einziehende verwandeln und Rollen ausprobieren. Was erwarten die Menschen von einem königlichen Retter? In der Gestaltung einer Würfelseite (Symbol Königskrone) findet dieser Eindruck einen Ausdruck.

Lätare

Im Anschluss an die biblischen Geschichten machen wir uns Gedanken über Abschiedssituationen. Wie gestalten wir Abschiede? Was passiert bei einem Abschiedsessen? Wenn wir ein Brot teilen und essen, können wir spüren: Die Erinnerung an den verabschiedeten Menschen wird in der Erinnerung an den Geschmack des Essens lebendig bleiben. Je intensiver wir dem nachspüren, umso stärker können wir erinnern. Und wenn dann der Mensch nicht mehr bei uns ist, sind wir verlassen. Wir gestalten mit Legematerial »Verlassensein« und »Im Stich gelassen sein« in Bodenbildern. Zwei bis vier Kinder haben in ihrer Mitte ein buntes Tuch als Grundlage ihrer Gestaltung. Holzscheiben, Bauklötze, Kiefernzapfen, Muscheln, Perlen, kleine Stoffstücke dienen als Legematerial. Die Kinder betrachten ihre Bilder kommentarlos und hören dazu den Bachchoral »Herzliebster Jesu«. In der Gestaltung einer Würfelseite (Symbole Weizenkorn und dunkles Herz) findet dieser Eindruck einen Ausdruck. Eventuell ist es auch sinnvoll, nur eine der biblischen Geschichten weiter kreativ zu gestalten. Die Musik passt auf jeden Fall.

Judika

Im Anschluss an die biblische Geschichte nehmen wir in einem Gespräch mit den Kindern Petrus besonders in den Blick. Eine Petrus-Puppe wird in die Mitte gestellt und der Bachchoral »Ich will hier bei dir stehen« gespielt. Die Geschichte beginnt mit dem Versprechen des Petrus und der anderen Jünger, Jesus nie verlassen zu wollen. Wir erzählen gemeinsam mit den Kindern weiter. An den Stellen, die für Petrus besonders emotional sind (das Versprechen, am Feuer, die Verleugnung, der Hahnenschrei), äußern die Kinder seine Gedanken und Gefühle. Schließlich erinnert die Bachkantate noch einmal an das Versprechen. In der Gestaltung einer Würfelseite (Symbol Hahn) findet dieser Eindruck einen Ausdruck.

Palmarum

Im Anschluss an die biblische Geschichte wird eine Dornenkrone aus Tonpapier in der Mitte gestaltet. Dazu werden kleine braune Tonpapierstreifen zu einem Kranz gelegt. Die Kinder bekommen graue Dreiecke aus Tonpapier (Dornen), auf die sie schreiben oder malen »Was mich verletzt und mir weh tut«. Wenn die Dornen an den Kranz gelegt werden, können diese Verletzungen benannt werden. Dann wird die Bachkantate »Befiehl du deine Wege« ein tröstender Moment sein. Vielleicht hören wir sie mehrmals auch bei der Gestaltung der Würfelseite (Symbol Dornenkrone), wenn dieser Eindruck einen Ausdruck findet.

Karfreitag

Im Anschluss an die biblische Geschichte haben die Kinder die Möglichkeit jeweils für sich ein »Grab« zu gestalten. Dazu werden bunte Legetücher als Grundlage und verschiedene Formen und Teile aus Filz und Holz zur Verfügung gestellt. Die Kinder sollten viel Zeit haben, dürfen auch äußern, für wen sie das Grab gestalten und was sie damit ausdrücken wollen. Die »Gräber« werden bei einem »Friedhofsrundgang« kommentarlos gewürdigt. Dazu wird der Bachchoral »O Haupt voll Blut und Wunden« gespielt. In der Gestaltung einer Würfelseite (Symbol Kreuz) findet dieser Eindruck einen letzten Ausdruck.

Ostern

Im Anschluss an die biblische Geschichte tanzen wir zur Musik von Georg F. Händels »Halleluja« einen Ostertanz. Die Bewegungen könnten in Bodennähe beginnen und aufsteigen zu freudigem Jubel, sollen von Todesstarre zu fröhlicher Lebendigkeit führen und auch das Aufgehen der Ostersonne durch entsprechende Armbewegungen darstellen. Reizvoll wäre eine Tanzentwicklung mit den Kindern.

In der Gestaltung einer Würfelseite (Symbol Ostersonne) findet dieser Eindruck einen weiteren Ausdruck.

Zeichnungen: Urd Rust

Kopiervorlage »Würfel«

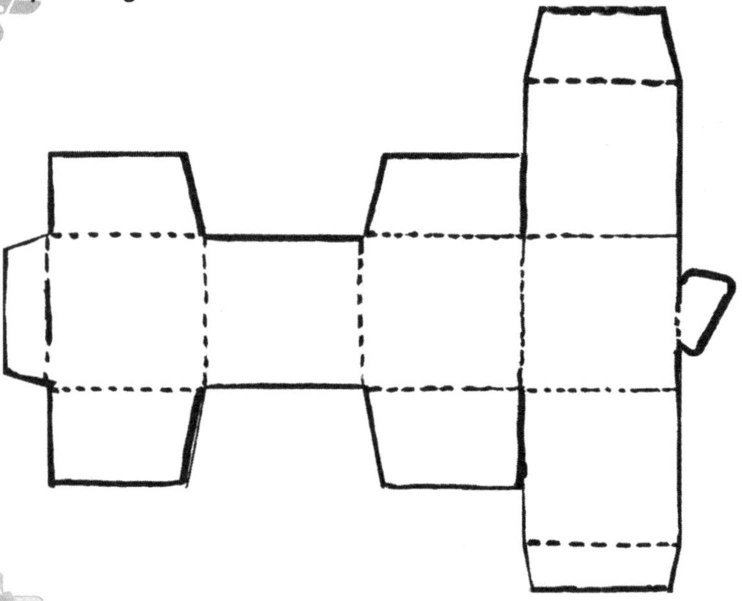

Kopiervorlage »Symbole«

Kinderbibeltexte
Als Grundlage für eine Erzählung oder auch zum Vorlesen eignet sich die Kinderbibel von Irmgard Weth, Neukirchener Kinder-Bibel, weil sie alle Matthäustexte erzählt.

Stichworte:
Glaube, Musik, Sprache des Glaubens, Bach, Händel, Passion, Ostern, Leiden, Auferstehung

Urd Rust und Jutta Schitter

Taufe
Geschenk Gottes – Taufe bringt neues Leben

15.04.2012
Quasimodogeniti
Gott schenkt Nähe –
Geht, tauft und lehrt!
(Matthäus 28,16–20)

22.04.2012
Miserikordias Domini
Gott schenkt ein offenes Herz –
Lydia versteht und lässt sich taufen
(Apostelgeschichte 16,11–15)

Taufe

Wachsen in einer starken Gemeinschaft

Logo: © Urd Rust

Die Kinder erinnern sich an ihre eigene Taufe oder werden auf die Möglichkeit ihrer Taufe vorbereitet. An biblischen Geschichten können sie erfahren, was Taufe bedeutet: gemeinsam unterwegs sein mit einem offenen Herzen, das für diese starke Gemeinschaft schlägt. Das Motto »Taufe – Wachsen in einer starken Gemeinschaft« das in einem Tauf-Logo ausgedrückt wird, soll begleitendes Gestaltungselement der beiden Gottesdienste sein.

Liturgische Gestaltung

Zusammenkommen – sich Gott zuwenden

Psalmgebet

Unser Gott, wir danken Dir.
Du hast uns wunderbar gemacht.
Als Babys kommen wir zur Welt,
mit winzigen Füßen
und zarten Fingern.
Jedes Kind ist einmalig von Anfang an,
jeder Mensch etwas Besonderes von Anfang an.

Du rufst uns beim Namen,
jeden und jede von uns.
Unser Gott, wir danken Dir.
Kehrvers: Wo die Liebe wohnt und Güte, wo die Liebe wohnt, da ist unser Gott.
Unser Gott, wir danken Dir
und freuen uns, dass wir unterschiedlich sind.
Manche können gut rechnen, andere schön singen.
Manche spielen geschickt Fußball, andere tanzen begeistert,
manche spielen ihr Musikinstrument mit Seele,
andere sind gute Freunde, auf die man sich immer verlassen kann.
Wir sind verschieden, wir sind besonders, jeder und jede von uns.
Du rufst uns beim Namen, jeden und jede von uns:
(Namen aller aufzählen).
Unser Gott, wir freuen uns und wir danken Dir.
Kehrvers: Wo die Liebe wohnt und Güte, wo die Liebe wohnt, da ist unser Gott.
Unser Gott, wir danken Dir und wir freuen uns,
dass wir so verschieden sind.
Wir bitten Dich:
Schenke uns ein offenes Herz füreinander.
Gib uns eine starke Gemeinschaft,
in der wir wachsen und auf dem Weg sein können.
Segne unsere bunte Gemeinschaft auf dem Weg.
Gib uns Deine Kraft und Deinen Geist.
Kehrvers: Wo die Liebe wohnt und Güte, wo die Liebe wohnt, da ist unser Gott.
Amen.

Kehrvers in: EG 608 Ausgabe Baden/Pfalz

Feiern – Teilen

Tauferinnerung

Mit einem kleinen Ritual können wir uns an unsere Taufe erinnern. Zunächst muss geklärt werden, wer getauft ist und wer nicht. Ungetaufte Kinder können nicht an ihre Taufe erinnert werden, wohl aber gesegnet und Wasser erfahren. Die (noch) nicht getauften Kinder werden gebeten, eine Hand in das Wasser zu halten und die Kühle und Frische zu spüren. Anschließend werden sie mit einem Segenswort (z.B. Gott begleite dich auf deinem Lebensweg) gesegnet. Kinder lieben Berührung, eine Segensgeste wird die Worte vertiefen.
Den getauften Kindern zeichnen wir mit dem Wasser ein Kreuz in die Hand oder auf den Handrücken. Manche mögen dieses Zeichen auch auf der Stirn. Wir können dazu sagen: Du wurdest getauft im Namen des Vaters und des Sohnes und des Heiligen Geistes. Erinnere dich daran. Gott ist immer bei dir.

Stärkung auf dem Taufweg

Mit dem Wasser der Taufe begann unser Weg als getaufte Kinder Gottes. Gott sei Dank werden wir auf diesem Weg immer wieder gestärkt durch Brot und Wein (Traubensaft) im Abendmahl. Wir teilen süßes Brot miteinander und teilen den Gedanken: Als Jesus mit seinen Freunden zum letzten Mal gegessen hatte, da hat er ihnen gesagt: »Von jetzt an, wenn ihr beieinander seid, das Brot esst und an mich denkt, dann werdet ihr schmecken können, wie lieb euch Gott hat. Ihr könnt schmecken, dass ich bei euch bin alle Tage bis an der Welt Ende.

Als Erinnerung und Stärkung schmecken sicher auch Kekse zum Thema. Wer keine Ausstechförmchen in passender Form hat, kann auch mit der Gebäckspritze Wasser-Wellen-Kekse herstellen.

Fotos: Urd Rust

Lied

Ein schönes Lied zur Tauferinnerung, das auch getanzt werden kann, ist »Licht der Morgensonne« aus den Kinder-Kirchen-Hits von Reinhard Horn u.a.

»Licht der Morgensonne«

Text: Ulrich Walter, Melodie: Reinhard Horn

Aus: Buch/CD-Paket »Kinder-Kirchen-Hits«, © KONTAKTE Musikverlag, Lippstadt

Bewegungsidee

Licht der Morgensonne,	*Die Hände nach oben (zum Licht) ausstrecken.*
Wasser aus der Quelle,	*Mit einer schöpfenden Geste werden die Hände vor den Körper geführt und deuten eine gefüllte Schale an.*
Hände, die mich halten, Gott, das alles schenkst Du mir!	*Nun fassen sich alle an den Händen.*
In der Taufe bin ich,	*Mit dem rechten Arm eine tiefe, schöpfende Bewegung vom Boden bis vor die Brust machen,*
Gott, Dein Kind geworden,	*und beide Hände vor dem Herzen kreuzen.*
darum sing ich fröhlich, denn Dein Segen geht mit mir.	*Eine Drehung auf der Stelle, dazu im Takt klatschen.*

Kurzgeschichte

Das Symbol »Herz« kann durch die Kurzgeschichte vertieft werden.

Jacqueline war aufgeregt. Heute Nachmittag hatte sie sich zum ersten Mal mit Leon verabredet. Sonst spielte sie nachmittags eigentlich nur mit Mädchen. Sich mit Leon auch nach der Schule zu treffen, hatte sie sich schon lange gewünscht. Auf dem Schulhof war sie eins der Mädchen, die öfter mal Spaß daran hatten, mit den Jungs Fußball zu spielen. Jacqueline war dann Stürmerin. Und Leon fast immer Torwart. Irgendwann hatte sie ihn nach einem Fußballspiel gefragt, ob er vielleicht Lust hatte, nachmittags vorbeizukommen. Er hatte »Ja« gesagt. Jetzt war es soweit. Leon sollte kommen. Jacquelines älteren Geschwister hatten beim Mittagessen gegrinst und Witze gemacht. Jacquelines Mutter hatte ihnen schließlich verboten, Jacqueline aufzuziehen, und dafür gesorgt, dass Jacqueline ungestört im Garten sein konnte. Nun saß sie auf der Schaukel und wartete. Sie überlegte, was sie mit Leon spielen könnte. Topmodel wohl kaum. Auch der Sandkasten kam sicher nicht mehr in Frage. Stattdessen hatte sie schon mal den Fußball bereit gelegt. Das Netz des einen Tors im Garten war schon kaputt, aber auf das andere konnte man noch ganz gut mit dem Ball schießen. Die Klingel hörte Jacqueline auch im Garten. Jetzt war er da. Leon haute Jacqueline erst mal kameradschaftlich auf den Rücken. Jacqueline grinste und haute kräftig zurück. Dann war alles ganz einfach. Jacqueline schoss aufs Tor und Leon hielt den Ball. Danach versuchten sie, sich gegenseitig den Ball abzunehmen, nachdem sie ein zweites Tor mit Stöckchen markiert hatten. Leon trainierte Jacqueline eine lange anstrengende Zeit als Ersatztorfrau im Tor. Am Schluss erholten sich die beiden auf der alten Umrandung des Sandkastens mit Getränken und

Süßigkeiten aus Jacquelines Geheimversteck. Verschwitzt, verdreckt und zufrieden redeten sie über alles Mögliche. Leon erzählte vom Indianer Winnetou und seinen Freunden. Mit seinem Freund Old Shatterhand hatte Winnetou Blutsbrüderschaft geschlossen. Die beiden hatten sich mit einem Messer die Haut am Arm aufgeritzt und dann die Arme mit der Wunde aufeinander gedrückt. Dadurch wurde ihr Blut für immer eins. Er erzählte, was Winnetou noch getan hatte: Seiner Freundin, der Squaw Nschotschi, hatte Winnetou seine Liebe gezeigt, indem er ein halbes Herz in den Sand zeichnete. Und Nscho-tschi hatte dann die andere Hälfte gemalt. Während Leon das erzählte, zeichnete er mit einem Stöckchen eine geschwungene Linie in den Sand. Er reichte Jacqueline das Stöckchen weiter. Jacqueline lächelte, stopfte sich ein Gummibärchen in den Mund und malte das Sandherz mit einer schwungvollen Linie zu Ende.

Julia Neuschwander

Kinderbibel

Nah am Bibeltext ist die in Matthäus 28,16–30 erzählte Geschichte mit Taufbefehl und Himmelfahrt in den Kinderbibeln von Anneliese Pokrandt (Elementarbibel) und Werner Laubi (Kinder-Bibel) wiedergegeben.
Für die Erzählung von Lydia empfiehlt sich die Gütersloher Erzählbibel.

Kreative Ideen

Parallel zur Erzählung oder zum vertiefenden Gespräch kann das Taufloge als Bodenbild, auf einer Tafel oder auch als Mobile gestaltet werden.

Stichwort	Motiv	Gestaltung
Geht	Weg	Mit weißem Tuch einen Weg legen
Tauft	Wasser Taube	Mit blauen Tüchern Wasser legen, die Taube aus Papier ausschneiden oder aus Pfeifenputzerdraht formen
Lehrt	Querbalken	Den Querbalken am Kreuz aus weißem Tuch legen
Offenes Herz	Herz	Das Herz in einem warmen Gelb legen
Gemeinschaft	Menschen	Die Menschen aus buntem Pfeifenputzerdraht formen

 Weg	 Wasser/Taube	 Querbalken
 Herz	 Gemeinschaft	

Die Kinder bekommen schließlich das Logo als Aufkleber oder als Lesezeichen zur Tauferinnerung mit nach Hause (erhältlich unter: *kindergottesdienst@evkirchepfalz.de*).

Stichworte:
Taufe, Taufweg, Tauferinnerung, starke Gemeinschaft, liebevolles und offenes Herz, Freude

Julia Neuschwander

Schlimme Träume
Mit Daniel auf Träume schauen

29.04.2012
(Jubilate)
Ein großer Baum und viele Tiere
(Daniel 4 i. A.)

06.05.2012
(Kantate)
Widder und Ziegenbock
(Daniel 8 i. A.)

13.05.2012
(Rogate)
Vier Ungeheuer und der Menschensohn
(Daniel 7 i. A.)

Die Visionen und Träume aus dem Buch Daniel gehören – ganz anders als die Erzählungen von den Männern im Feuerofen und Daniel in der Löwengrube – zu den unbekannten Texten der Bibel, nicht nur, aber erst recht im Kindergottesdienst. In diesen Visionen begegnen uns Bilder, die sich beim ersten Lesen oder Hören in ihrer Reihenfolge keineswegs leicht einprägen lassen. Auch eine offensichtliche Deutung liegt nicht auf der Hand. Vielmehr lassen die Bilder unterschiedliche Assoziationen frei werden und entsprechende Deutungen zu.
Das Buch Daniel selbst bedient sich einer historischen Folie der Exilszeit, um auf diesem Hintergrund die 400 Jahre spätere Problematik der Zeit des zweiten Jahrhunderts zu beschreiben: Der seleukidische König Antiochus IV. verantwortete eine unerbittliche Religionsverfolgung, indem er versuchte, eine Einheitsreligion durchzusetzen mit Verehrung des Zeus Olympios. Infolgedessen wurden durch ein Dekret der jüdische Gottesdienst verboten, die Opfer, Feste und Gebräuche abgeschafft, das Heiligtum in Jerusalem zu einem Zeustempel erklärt und ein heidnischer Altar auf den Brandopferaltar aufgesetzt. Das Danielbuch setzt dem entgegen, dass Gott es ist, der über die Weltmächte gebietet und verbindet diese Hoffnung mit einem apokalyptischen Blick auf die Ereignisse der Endzeit und das Kommen des Gottesreiches.
In einem sind sich die Bilder aber gleich: Sie erinnern an schlimme Träume, an Albträume, wie sie jedes Kind selbst schon einmal erlebt hat, an Nächte, in denen Kinder plötzlich aufwachen, bleich und mit Angst. »Mich, Daniel, erschreckten meine Gedanken, meine Gesichtsfarbe änderte sich an mir, aber den Vorgang bewahrte ich in meinem Herzen.« (Daniel 7,28)

Liturgische Gestaltung

Zusammenkommen – sich Gott zuwenden

Psalm 121

Kehrvers: Ich hebe meine Augen auf zu den Bergen.
Woher wird mir Hilfe kommen?
Von Gott wird mir Hilfe kommen,

Sie hat Himmel und Erde gemacht.
Sie wird nicht zulassen, dass dein Fuß stolpert,
deine Hüterin schlummert nicht.
Sieh doch: Israels Hüterin schlummert und schläft nicht.
Gott: deine Hüterin,
Kehrvers: Ich hebe meine Augen auf zu den Bergen.
Woher wird mir Hilfe kommen?
Von Gott wird mir Hilfe kommen.
Gott: dein Schatten über deiner rechten Hand.
Am Tag kann die Sonne dir nichts anhaben,
der Mond nicht in der Nacht.
Gott wird dich behüten, auch im Angesicht alles Bösen,
behüten wird Sie dein ganzes Leben!
Deine Geburt und dein Sterben wird Gott behüten,
von nun an bis in alle Zeit.
Kehrvers: Ich hebe meine Augen auf zu den Bergen.
Woher wird mir Hilfe kommen?
Von Gott wird mir Hilfe kommen.

Aus: Diana Klöpper, Kerstin Schiffner: Gütersloher Erzählbibel mit Bildern von Juliana Heidenreich,

Hören – Antworten

Was mir Angst macht – was mir Mut macht

(Hinführung am ersten Sonntag der Reihe)

In der Mitte liegen ein schwarzes und ein gelbes Baumwolltuch.
Die Kinder nennen, was ihnen Angst macht und legen dafür jeweils einen dunklen Glasstein auf das schwarze Tuch. Anschließend nennen sie, was ihnen Mut macht und legen dafür jeweils einen bunten/hellen Nugget-Glasstein auf das gelbe Tuch.

Dazu singen die Kinder das Lied »Du verwandelst meine Trauer in Freude. Du verwandelst meine Ängste in Mut ...« (KG 198) Das Kindergesangbuch, München 1998 (Claudius Verlag).

An den zwei folgenden Sonntagen liegen die Tücher mit den Nugget-Glassteinen des Vorsonntags in der Mitte.

Sendung – Segen

Bewegungslied *Für die ganze Reihe*

Der Schlusssegen wird umrahmt mit dem Lied »Ausgang und Eingang« (EG 175, KG 184).
Dazu stehen die Kinder im Kreis und vollziehen das Lied mit Bewegungen nach:

Hände liegen oberhalb der Brust	Ausgang
Hände und Arme werden ausgestreckt	und Eingang
Hände und Arme werden zurückgeführt	Anfang
Hände und Arme werden wieder ausgestreckt	und Ende
Hände und Arme werden wieder zurückgeführt	liegen bei Dir, Herr,
Hände und Arme werden wieder ausgestreckt	füll Du uns die Hände
Hände und Arme öffnen sich (empfangende Haltung)	

Reihenfolge: Lied – Segen – Lied

Kurzgeschichte

Kinder erfahren Angst in Albträumen. Die Bilder, die ihnen im Traum begegnen, können sie später oftmals weder in eine sinnvolle Reihenfolge bringen, noch für sich deuten. Einzelne »Monstertiere« bleiben ihnen im Gedächtnis haften, obwohl sie sie gerne ganz schnell abschütteln würden. Diese Erfahrung nimmt ein Dialog zwischen einer/m KiGo-Mitarbeiter/in (M) und der Handpuppe Lucy (L) auf (Handpuppe: www.living-puppets.de).

Lucy sitzt, etwas in sich gekauert, die Hände halb vor dem Gesicht.
(M) Hallo Lucy – oh, was ist denn mit dir, geht es dir nicht gut?
Lucy schaut auf.
(L) Mir geht der Esel einfach nicht aus dem Kopf. Immer noch brüllt er IA – IA.
(M) Was für ein Esel?
(L) Der Esel, von dem ich heute Nacht geträumt habe.
(M) Heute Nacht?
(L) Das war eine ganz doofe Nacht. Ich hab geträumt und geträumt. Ganz viele komische Bilder und immer hat ein Esel gebrüllt. Und dann bin ich aufgewacht. Und mein Papa kam ins Zimmer, weil ich so laut geweint habe.

(M) Hat dein Papa auch den Esel gehört?

(L) Papa hat mich in den Arm genommen. Da habe ich dann nur noch den Zug gehört, der gerade an unserem Haus vorbeifuhr. Papa hat gedacht, der Zug wäre mein Esel, aber das war nicht so. Und dann war's wieder still und ich bin wieder eingeschlafen.

(M) Und ist der Esel noch da?

(L) Nee, natürlich nicht.

Kreative Ideen

Das Angstmachende, Mächtige erweist sich oft bei näherem Hinschauen als wenig standhaft. Das gilt im Kleinen wie im Großen: Scheinbar so starke Klassenkameraden entlarven sich als welche, die nur Schwächere angreifen, weil sie anderen nicht standhalten können. Wird ihre Gewalt hinterfragt, fällt ihr Ansehen schnell in sich zusammen und die Angst verliert sich. Durch die Jahrhunderte hindurch haben Menschen erleben können: Großmächte sind immer nur Mächte auf Zeit, die Bilder und Skulpturen von Alleinherrschern zerbrechen über Nacht. »Es wird zerbrochen werden ohne Zutun von Menschenhand« (Dan 8,25). Die Kinder bauen in kleinen Gruppen am zweiten und dritten Sonntag der Reihe ihre Monsterfiguren aus Pappmaché oder aus Pappe, die nach getaner Arbeit in sich selbst zusammenfallen.

Monsterfigur aus Pappmaché

In Anlehnung an die Träume bauen die Kinder Monstertiere aus Pappmaché. Es dürfen dabei skurrile Wesen entstehen, bei denen die Proportionen verändert werden, weitere Körperteile angefügt werden. Der Fantasie und dem Spaß der Kinder sind dabei keine Grenzen gesetzt. Sicherlich wird so ein Monstertier nicht besonders stabil werden und leicht taumelnd von einer Seite zur anderen kippen. Beliebig kann das Monster bemalt werden.

Material:
Luftballons, Kartons und Pappröhren in verschiedenen Größen, Bindedraht, Tesakrepp, viele Zeitungen, ein Eimer voll einfachem Tapetenkleister, dicke Pinsel, Fingerfarben

Am Ende der Gottesdienstreihe wird das Monstertier »besiegt«, zum Beispiel dadurch, dass es nach draußen gestellt wird, wo es sich langsam durch den Regen auflöst, bis nach Wochen nur noch ein Klumpen übrigbleibt.

Monsterfigur aus Pappe

Material:
alte Umzugskartons, Tesakrepp-Klebeband, Dachlatten, Scheren, Fingerfarben

Einzelne Pappelemente der Umzugskartons werden mit Tesakrepp aneinandergeklebt und anschließend aus der Gesamtpappe eine Figur (Größe mindestens 2 Meter) ausgeschnitten. Diese wird von hinten mit ein bis zwei Dachlatten gestützt, so dass sie angelehnt stehen kann. Dann bemalen die Kinder die Figur. Wird die Dachlatte von hinten weggezogen, fällt die fertige Figur wie eine Ziehharmonika in sich zusammen.

Modell: Richard Helm

Stichworte:
Daniel, Angst, Mut, Träume, Albträume

Gudrun Luise Helm

»Komm, Heiliger Geist, mit Deiner Kraft«
Himmelfahrt und Pfingsten nach der Apostelgeschichte

17./20.05.2012
(Himmelfahrt/Exaudi)
Verlassen von Jesus – Woher kommt neue Energie?
(Apostelgeschichte 1,1–14)

27./28.05.2012
(Pfingsten)
Ergriffen vom Geist Gottes – ungeahnte Kräfte
(Apostelgeschichte 2,1–11.37–39)

Wir können unsere Erfahrungen mit Gott nur in menschlichen Bildern und Worten umschreiben. Himmelfahrt will sagen: Jesus geht an einen Ort, der uns nicht unmittelbar zugänglich ist. Er lebt dort in einer anderen Wirklichkeit, im Reich seines Vaters. Wesentlich ist, dass die Jünger auf die Erde verwiesen werden. Nun sind sie als Jesu Zeugen an der Reihe! Jesus gibt ihnen (und uns allen) einen Auftrag. »Geht hinaus in die Welt und werdet meine Zeugen, meine Stellvertreter!« Durch das Loslassen, den Abschied, kann diese Wirklichkeit in ihnen entstehen und stark werden. So ist es eine Verwandlung, eine Reifung und kein Verlassensein. Dadurch und dabei werden wir selbst zu uns selbst: **Selbst**ständigkeit, **Selbst**vertrauen, **Selbst**wertgefühl. Und er gibt ihnen ein Versprechen: »Es wird eine neue Kraft, der Geist Gottes, über euch kommen und in euch Wohnung nehmen.«
Diese Erfüllung des Versprechens: Gottes Kraft und Geist für das Leben, für die Nachfolge feiern wir an Pfingsten. Es geschieht etwas, das die Jüngerinnen und Jünger selbst nicht erklären können. Sie haben plötzlich Mut, allen Menschen, allen Völkern die Botschaft zu verkünden. Selbst Fremde verstehen sie. Ganz Jerusalem ist in Bewegung. Alle sind beGEISTert, sind Feuer und Flamme.
Wir alle stehen in der Nachfolge Jesu. Es liegt an uns, ob wir offen sind für eine BeGEISTerung wie damals an Pfingsten in Jerusalem.

Liturgische Gestaltung

Zusammenkommen – sich Gott zuwenden

Psalmgebet:

Alle: **Gott, Du gabst uns Atem, damit wir leben.**
Gruppe 1: Gütiger Gott, Du hast uns das Leben gegeben. Du bist für uns da.
Dafür danken wir Dir.
Alle: **Gott, Du gabst uns Atem, damit wir leben.**
Gruppe 1: Gütiger Gott, wir können Dich nicht sehen.
Genauso wenig können wir die Luft sehen.

Gruppe 2: Aber sie ist um uns. So wie Du stets um uns bist.
Wir merken, dass Du für uns sorgst.
Alle: Gott, Du gabst uns Atem, damit wir leben.
Gruppe 1: Wir spüren, dass Du da bist.
Gütiger Gott, ohne zu atmen könnten wir nicht leben.
Gruppe 2: So nötig wie den Atem zum Leben
brauchen wir Deinen Segen auf unseren Wegen.
Alle: Gott, Du gabst uns Atem, damit wir leben. Amen.

Aus: »Dir kann ich alles sagen, Gott. Psalmenübertragungen, Rheinischer Verband für Kindergottesdienst, Wuppertal 2007.

Hören und Antworten

Kreativer Erzählvorschlag zur biblischen Geschichte an Himmelfahrt/Exaudi: Die Geschichte wird aus Sicht eines Jüngers mit Hilfe von Egli-Erzählfiguren erzählt.

Als er uns das erste Mal erschien und dann am Abend wieder gegangen war, haben wir alle gedacht, wir hätten alles nur geträumt. Aber als er wieder kam und wir alle beisammen waren und seine Anwesenheit spürten, da wussten wir wieder Bescheid: Er war es wirklich! So ging es noch viele Male. Ich glaube, er musste wirklich oft kommen, bis wir genügend Vertrauen hatten. Menschen sind nun mal so: Sie bilden sich etwas ein. Und auch im wirklichen Leben. Manchmal weiß man nicht einmal, ob man etwas im Traum oder wirklich erlebt hat. Jedenfalls glaubten wir an Jesu Anwesenheit. Doch dann kam der Abschied. Wir aßen ein letztes Mal zusammen.
Jesus blickte uns alle schweigend an, einen nach dem anderen. Dann sagte er: »Ihr werdet mich von nun an nicht mehr sehen. Und doch werde ich bei euch sein. Darauf könnt ihr euch verlassen.« »Aber woran werden wir erkennen, dass du da bist, Jesus?«, fragte Petrus. Er spürte, jetzt wird es ernst. Jetzt fängt wirklich etwas Neues an. Jesus sagte: »Ihr werdet die Kraft des Heiligen Geistes empfangen und werdet meine Zeugen sein, hier in Jerusalem, aber auch weit über die Grenzen hinaus in anderen Ländern.« »Was meinst du damit?«, fragte Andreas, »Du sprichst in Rätseln«. »Bleibt in Jerusalem. Dort wird bald ein neuer Geist bei euch zu spüren sein«, erklärte Jesus seinen Freunden. »Die Angst wird wie weggeblasen sein. Denn dieser neue Geist gibt euch Mut und Selbstvertrauen, Freundschaft und Gemeinschaft. Ihr werdet Gottes Nähe spüren. Ihr sollt anderen Menschen weitererzählen, was ihr mit mir erlebt habt.
Sagt ihnen, dass ich lebe, auch wenn ihr mich nicht mehr sehen könnt. Gottes Heiliger Geist ist die Kraft, die ihr von mir empfangt. Ich weiß, dass ihr darauf angewiesen seid.«
Als Jesus das gesagt hatte, war er nicht mehr zu sehen. Es war, als würde eine Wolke die Sicht versperren. Die Freunde schauten nach oben. Aber da ist nichts.
Ich und auch die anderen standen mit offenem Mund da und starrten nach oben, obwohl wir schon nichts mehr sahen. Ich kam mir ziemlich blöd vor. Als wären wir nicht mehr ganz bei Sinnen. Ich zweifelte an mir selbst: »Hatte es ihn wirklich gegeben?« Doch da

waren ja die anderen. Und wir alle wussten ja, was wir mit ihm erlebt hatten. Das war gut. Plötzlich waren zwei Fremde in weißen Kleidern da. Sie sahen uns lächelnd an und sagten ohne Vorwurf, aber doch deutlich: »Steht nicht herum und starrt in die Luft! Dort ist nichts. Jesus ist bei seinem Vater. Aber er wird wiederkommen. Schaut nach unten. Hier ist euer Ort. Habt ihr nicht gehört, was er gesagt hat? Seine Zeugen sollt ihr sein. Und sein Geist wird euch dabei helfen. Blickt nach vorn und geht nach Jerusalem.« Da fiel mir ein Stein vom Herzen. Also keine Einbildung. Und: Er würde wiederkommen. Ein schwacher Trost, denkt ihr? Na ja, einerseits wussten wir ja nicht wann. Und dann die Sache mit dem Heiligen Geist – wie das wohl aussehen würde? Außerdem waren wir wirklich sehr traurig. Ein Leben ohne Jesus? Unvorstellbar!

Aber wir hatten seine Versprechen: Dass wir den Trost und die Kraft des Heiligen Geistes empfangen würden. Dass er wiederkommen würde. Dass wir seine Zeugen sein würden. Und das machte uns dann doch froh. Wir machten uns auf den Weg nach Jerusalem, und der Abschiedsschmerz ließ langsam nach.

Das Warten wurde erträglicher. Wir wurden geduldiger. Und immer öfter entlockte uns die Vorfreude ein Lächeln.

Foto: Renate Milerski

Kurzgeschichte/meditativer Text

Ein meditativer Text von Anton Rotzetter, der für mich schön ausdrückt, dass der Heilige Geist unser Leben trägt und bewegt:

Der mich atmen lässt,
bist Du, lebendiger Gott.

Der mich leben lässt,
bist Du, lebendiger Gott.

Der mich schweigen lässt,
bist Du, lebendiger Gott.

Der mich reden lässt,
bist Du, lebendiger Gott.

Der mich warten lässt,
bist Du, lebendiger Gott.

Der mich hoffen lässt,
bist Du, lebendiger Gott.

Der mich handeln lässt,
bist Du, lebendiger Gott.

Der mich wachsen lässt,
bist Du, lebendiger Gott.

Der mich Mensch sein lässt,
bist Du, lebendiger Gott.

Der mich atmen lässt,
bist Du, lebendiger Gott.

Himmelfahrt/Exaudi

»Im Atem steckt viel Energie« ist mein erster Gedanke, und er ist für mich auch die Verbindung zu Pfingsten. Was können wir Kinder mit einfachen Übungen darüber erfahren lassen? Nachfolgend einige Vorschläge dazu.

1. Atemübungen

Bei Atemübungen lernen die Kinder spielerisch natürliches, ruhiges Atmen und den Atemvorgang bewusster zu erleben. Als kleine Hilfestellung liegt auf dem Bauch des Kindes sein Kuschelbär. Dies hat den Anreiz, dass die Kinder absichtlich gleichmäßig atmen, damit der Kuschelbär nicht vom Bauch fällt.
Durch das regelmäßige Ein- und Ausatmen werden Verspannungen gelöst und die Kinder sind offener, um Neues aufzunehmen. – Die nachstehende Anleitungsskizze bitte langsam sprechen, Pausen machen und die Kinder beobachten, ob sie entspannt bleiben.

»Setzt/legt euch bequem hin. – Schließt eure Augen, das hilft euch bei der Übung. – Spürt in euren Körper hinein. – Wo seid ihr angespannt? – Lockert diese Muskeln und werdet ganz ruhig und entspannt. – Achtet nun auf euren Atem, wie ihr ein- und ausatmet. – Versucht euren Atem zu fühlen, ohne ihn zu lenken. – Er kommt und geht in seinem Rhythmus. – Versucht nun einmal, bewusst tief in Bauch und Brust einzuatmen. – Passt auf, dass der Kuschelbär nicht herunterfällt. Atmet nun langsam und tief aus, bevor ihr dann wieder frische Luft einatmet. – (einige Male wiederholen lassen) – Kommt mit eurer Konzentration wieder nach außen in den Raum. – Hört wieder die Geräusche hier im Raum, öffnet langsam eure Augen. – Reckt und streckt euch!«
Sprechen Sie mit den Kindern über ihre Erlebnisse:
»Wo habt ihr die Bewegung des Atemflusses spüren können: Im Bauch? Im Brustkorb? Im Gesicht? Oder kann man den Atem vielleicht sogar in den Füßen spüren? Wie habt ihr es erlebt? Hat es euch gefallen?«

2. spielerische Erfahrungen

Atem sanft und kräftig:
- in die hohle Hand ein paar Mal behutsam pusten – was spürst du? – (warm!?)
- noch einmal, nun aber kräftig pusten – was spürst du jetzt? – (kalt!?)
- jetzt die Hand drehen und über die Außenfläche erst leicht, dann kräftig pusten
- diese ›Spielschritte‹ kann man auch als Partnerübung machen!
- Wichtig ist, dass wir danach miteinander über die Erfahrungen sprechen!

Was denken die Kinder, wie das mit den zuvor gehörten Geschichten (von Himmelfahrt und Pfingsten) zusammenhängt? Ich denke, dabei geht es nicht um falsch oder richtig!

Pfingsten

Der Geist Gottes bringt Bewegung in das Leben, damals in Jerusalem und bis heute immer wieder. Dieser Gedanke findet sich in folgender Bastelidee:

Pfingstschleudern

Zuerst schneidet man den Kindern oder die Kinder schneiden sich Krepppapierstreifen (ca. 3–4 cm breit und 100–120 cm lang) zu. Bei den Farben kann gewählt werden zwischen ›Wind-‹ und ›Feuerfarben‹ oder beide zusammen. Damit es schön aussieht, sollten es schon 8–10 Streifen pro Schleuder sein. Danach legt man das Stoffstück (15 x 15 cm) auf den Tisch/Boden, und fügt eine Handvoll Sand dazu. Je ein Ende der Krepppapierstreifen wird in den Sand gesteckt und der Stoff zu einem Bündel zusammen gebunden. Beim Abbinden darauf achten, dass alle Streifen gut fixiert und die Knoten festgezurrt sind. Beim Spielen kann man die Pfingstschleuder sich einander zuwerfen oder an einem (ca. 1 m langen) Seil hoch in die Luft schleudern. Es gibt da sicher noch mehr Varianten, die die Kinder entdecken können. Wichtig wäre mir, dass das Spielen allen Spaß macht und auf einander geachtet wird.

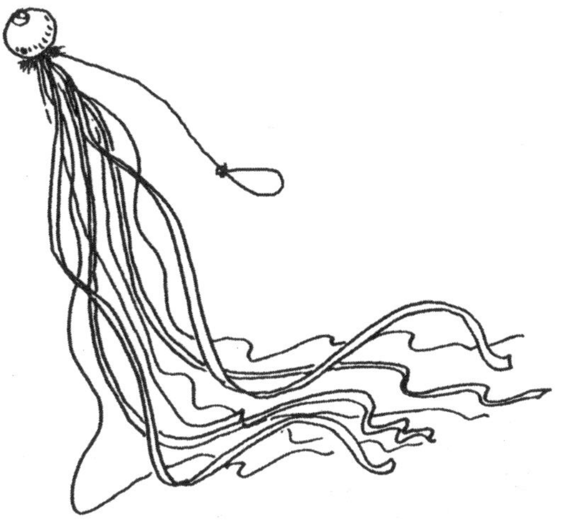

Zeichnung: Uwe Huchthausen

Stichworte:
Nachfolge, Atem, Geist Gottes, Himmelfahrt, Pfingsten

Uwe Huchthausen

Das Vaterunser auskosten –
vom Himmel zur Erde und zum Himmel

03.06.2012
(Trinitatis)
Ein himmlisches Gebet
(Matthäus 6,9–10)

10.06.2012
(1. Sonntag nach Trinitatis)
Ein Gebet für uns alle
(Matthäus 6,11–13a)

17.06.2012
(2. Sonntag nach Trinitatis)
Ein Gebet verbindet Himmel und Erde
(Matthäus 6,13b)

Das Vaterunser ist DAS Gebet der Christen. Es verbindet Menschen unterschiedlicher Länder, Sprachen, christlicher Konfessionen und Kirchen weltweit. Es verbindet uns heute direkt mit den Jüngern damals. Jesus hat sie gelehrt so zu beten, wie wir das heute immer noch in jedem Gottesdienst tun.

In diesem Gebet kommt eine ganz besondere Beziehung zu Gott zum Ausdruck. Wir dürfen zu Gott beten wie zu einem Vater. Er ist uns so nahe und zugewandt, wie Eltern es im Idealfall sind, und ebenso vertrauensvoll dürfen wir uns mit allem an ihn wenden. Das Vaterunser lässt sich auf seinem Weg vom Himmel zur Erde und wieder zum Himmel in vier Abschnitte gliedern: Der Anrede (*Vater unser im Himmel*) folgen drei Du-Bitten (*Geheiligt werde Dein Name. Dein Reich komme. Dein Wille geschehe wie im Himmel so auf Erden*). Bereits die letzte Du-Bitte leitet vom Himmel zur Erde über. Nun folgen vier Wir-Bitten (*Unser tägliches Brot gib uns heute. Und vergib uns unsere Schuld, wie auch wir vergeben unsern Schuldigern. Und führe uns nicht in Versuchung, sondern erlöse uns von dem Bösen.*), die in einem Lobpreis enden (*Denn Dein ist das Reich und die Kraft und die Herrlichkeit in Ewigkeit*). Die Verbindung von Himmel und Erde im Vaterunser wird durch das Läuten der Vaterunser-Glocke während des Betens noch betont. In jedem Kirchturm ist eine der Glocken dem Vaterunser gewidmet und wird während des Gebets geläutet. Das Geläut trägt die Gebetsanliegen symbolisch in den Himmel. Gleichzeitig informiert es ganz irdisch alle Christen, die nicht zum Gottesdienst in die Kirche gehen konnten, über das Vaterunser-Beten und ermöglicht so das gemeinsame Gebet über räumlichen Distanzen hinweg.

Übrigens: Die Paternoster-Kirche in Jerusalem erinnert an den Ort, an dem Jesus seine Jünger dieses Gebet gelehrt hat. Dort ist das Vaterunser auf Tafeln in nahezu allen Sprachen der Welt in die Wände eingelassen (siehe: www.wikipedia.org/wiki/Paternosterkirche).

Die *Kinderlesebibel* von Michael Langraf (Göttingen 2011) enthält den Text des Vaterunsers, eine passende Rahmenerzählung zum Vaterunser findet sich im *Werkbuch zur Kinderlesebibel* auf Seite 83. Ein Texpuzzle mit Lösungswort bietet sich bei Schulkindern als kleine kreative Textarbeit an und ist im Werkbuch S. 85 abgedruckt.

Liturgische Gestaltung

Zusammenkommen – sich Gott zuwenden

Votum:
Wir feiern unsern Gottesdienst im Namen Gottes:
im Namen des Vaters, der uns hört, wenn wir zu ihm beten,
im Namen seines Sohnes Jesus Christus, der uns gelehrt hat, wie wir beten sollen,
und im Namen des Heiligen Geistes, der unserem Beten Kraft verleiht. Amen.

Hören – Antworten

Das Vaterunser mit Gesten:

Die Gebetsformulierungen des Vaterunsers lassen sich durch Gesten verstärken. So können auch Kinder mitbeten, die den Text (noch) nicht auswendig mitsprechen können. Das Sprechen wird automatisch langsamer und bewusster. Interessant ist es, mit den Kindern eigene Gesten und Bewegungen zu entwickeln.

Das Vaterunser-Gebet mit Gesten, z. B.:

Vater unser im Himmel, geheiligt werde Dein Name.	*Hände in offener Gebetshaltung (Handflächen nach oben, etwa in Brusthöhe).*
Dein Reich komme.	*Alle fassen sich an der Hand.*
Dein Wille geschehe wie im Himmel so auf Erden.	*Die Hände werden gelöst. Die rechte Hand weist nach oben, die linke nach unten.*
Unser tägliches Brot gib uns heute	*Die Hände werden wie leere Schalen in der Körpermitte zusammengelegt.*
und vergib uns unsere Schuld, wie auch wir vergeben unseren Schuldigern.	*Die Hände werden auf das Herz gelegt. Die linke Hand bleibt dort, die rechte legt sich auf die Schulter der/des Nebenstehenden.*
Und führe uns nicht in Versuchung, sondern erlöse uns von dem Bösen.	*Die Hände werden gekreuzt vor das Gesicht gehalten und dann mit Schwung gelöst.*
Denn Dein ist das Reich	*Alle fassen sich an der Hand.*

und die Kraft	*Die gefassten Hände werden angehoben in einer Geste der Kraft.*
und die Herrlichkeit in Ewigkeit.	*Die gefassten Hände strecken sich ganz nach oben.*
Amen.	*Die Hände werden gelöst und falten sich vor der eigenen Körpermitte.*

Vaterunser-Läuten
In der Regel wird bei einem Gottesdienst zum Vaterunser mit einer bestimmten Glocke geläutet. Bei Kindergottesdiensten, die zeitlich parallel und räumlich nahe zum Gottesdienst der Erwachsenen gefeiert werden, kann auf das Vaterunser-Läuten geachtet werden. So kann auch in getrennten Gottesdiensten gemeinsam gebetet werden.
Wo sich für den Kindergottesdienst kein Vaterunser-Läuten mit der Kirchenglocke ermöglichen lässt, kann eine Klangschale diese Funktion erfüllen: Sie wird nach jedem Gebetsanliegen des Vaterunsers angeschlagen.

Vielleicht lässt sich im Rahmen des Gottesdienstes oder anschließend eine Kirchenglocken-Besichtigung im Kirchturm ermöglichen. Dabei bitte darauf achten, dass der Besuch der Glocken nicht zu Läutezeiten stattfindet, da das für viele Kinder erschreckend und der Lärmpegel für die Ohren extrem hoch sein kann.

»Unser Vater« ist ein vielfältig zu nutzendes Lied zum Vaterunser von Christoph Zehendner und Werner Scharnowski: (Kinder-Kirchen-Hits, KONTAKTE Musikverlag, Nr. 64). Der eingängige Refrain kann schon von den Kleinen schnell gelernt werden und einzelne Schritte in der Gestaltung des Gebetes rahmen. Auch während der Lesung oder Erzählung einer Rahmengeschichte kann der Refrain eingesetzt werden.

Kurzgeschichte

Werner Tiki Küstenmacher hat das Vaterunser in einer Bildergeschichte umgesetzt, die das Bild vom Vater mit dem guten Hirten verbindet.

Cartoon: © Werner Tiki Küstenmacher

Gebetsketten herstellen

Für jede Bitte im Vaterunser wird eine entsprechende Perle aufgereiht. Beim Beten können die Perlen durch die Finger gleiten. So helfen sie beim Erlernen des Gebetes und lassen die Gebetsanliegen greifbar werden. Die hier aufgezeigte Perlenauswahl ist ein Vorschlag. Er kann natürlich von den Kindern nach eigenen Vorstellungen abgewandelt werden.

Gebetsbitten	**Perlen**
Vater unser im Himmel, geheiligt werde Dein Name.	große goldene Perle
Dein Reich komme.	kleine goldene Perle
Dein Wille geschehe wie im Himmel	hellblaue Perle
so auf Erden.	braune Perle
Unser tägliches Brot gib uns heute	ovale, naturfarbene Perle
und vergib uns unsere Schuld, wie auch wir vergeben unseren Schuldigern.	zwei hellrote Perlen
Und führe uns nicht in Versuchung, sondern erlöse uns von dem Bösen.	eine schwarze und anschließend eine weiße Perle auffädeln
Denn Dein ist das Reich	kleine goldene Perle
und die Kraft	große dunkelrote Perle
und die Herrlichkeit in Ewigkeit.	silberne Perle

Für Kinder im Alter von zwei bis fünf Jahren kann es auch angebracht sein, die Gebetskette zu vereinfachen und sich auf vier unterschiedlich farbige Perlen zu beschränken.

Diese vier stehen für das,
- wofür ich Gott danken will (Dankesperle)
- was mir auf dem Herzen liegt (Kummerperle)
- was oder wer mir am Herzen liegt (Liebesperle)
- was nur Gott und mich angeht (Geheimnisperle)

Sie werden in ein Band eingeknotet und können als Halskette oder Armband das Beten im Alltag anleiten und begleiten.

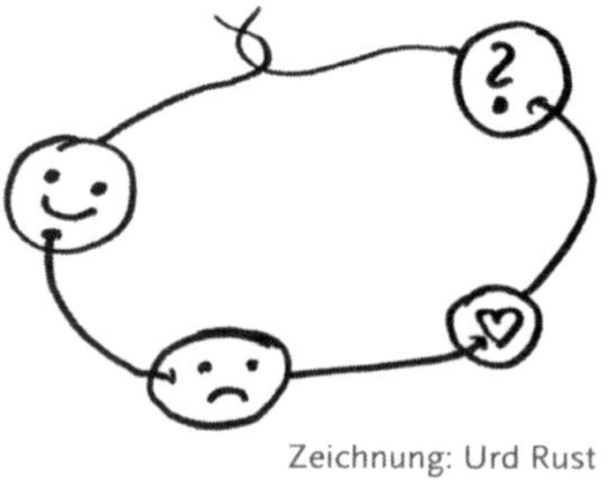

Zeichnung: Urd Rust

Der Vaterunser-Baum

Wir versuchen, das Vaterunser mit einem Baum zu vergleichen. Welche Textteile lassen sich den Wurzeln, dem Stamm, den Ästen oder der Krone zuschreiben? Wo wurzelt es in der Erde, wo zeigt es zum Himmel? Es gibt außer der hier gezeigten Weise viele verschieden Möglichkeiten, die zu interessanten Diskussionen anregen können.

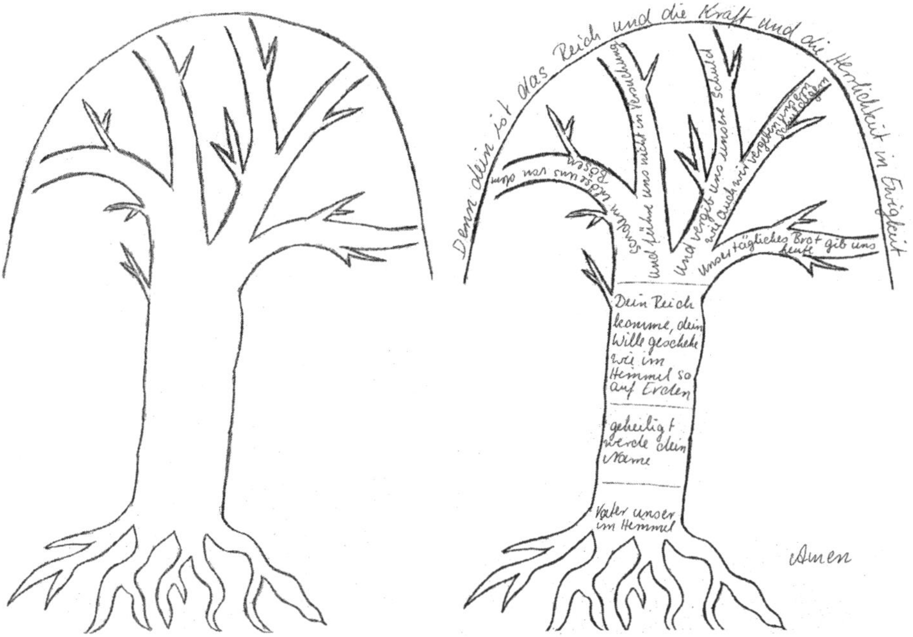

Zeichnung: Susanne Betz

Stichworte:
Vaterunser, Beten, Gebet, Glocken

Susanne Betz

Heller als die Sonne

24.06.2012
(3. Sonntag nach Trinitatis – Johannistag)
Johannes wird geboren – Gott wendet
(Lukas 1,5–25; 57–68)

01.07.2012
(4. Sonntag nach Trinitatis)
Johannes ruft zur Umkehr – wir sollen uns wenden
(Lukas 3,1–22; Johannes 3,30)

Die Geschichte von Johannes dem Täufer, dem Sohn von Elisabeth und Zacharias, wird oft in direktem Zusammenhang mit der Geburtsgeschichte Jesu in der Adventszeit erzählt. Die Beschäftigung mit der Geschichte inmitten der Sommerzeit ist eine reizvolle Alternative. Der 24. Juni wird als Johannistag gefeiert. Es ist der Tag, an dem die Tage und damit die Sonnenstunden am längsten sind. In den nordischen Ländern ist es ein Festtag, der in heiterer Runde verbracht wird. Langsam breitet sich diese Tradition auch in unserem Land aus. Wenn wir den Kalender betrachten, lässt sich feststellen, dass der 24. Dezember, das Geburtsfest Jesu, und der 24. Juni, das Geburtsfest des Johannes, sich im Jahreskreis genau gegenüberliegen. Jesus als das aufsteigende Licht und Johannes als das absteigende Licht. Somit ist mitten im Sommer eine Verbindungslinie zu Weihnachten gezogen. Viele Traditionen ranken sich um den Johannistag. An diesem besonderen Tag, an dem die Sonne beginnt wieder früher unterzugehen, werden oft Johannisfeuer entzündet. Sie erinnern an die Vertreibung der Finsternis, weisen auf das helle Licht hin. Johannes weist uns auf das Licht von Jesus Christus hin, er ist der Bote, jener, der auf Christus, die wahre Sonne, die uns stets scheinen und erhellen will, aufmerksam macht. Gottes Liebe, die in Jesus Christus in die Welt gekommen ist, sie ist immer und überall da (s. Lied und Psalmgebet).
Beide Geschichten erzählen von neuer Hoffnung, neuen Perspektiven, vom Licht, das Jesus uns gebracht hat und das unser Leben mit neuem Licht bescheint. – Die passenden Themen für Tage im längsten Licht des Sommers.

Die nachfolgenden Bausteine sind für wöchentlich und monatlich stattfindende Kindergottesdienste geeignet.

Liturgische Gestaltung

Zusammenkommen – sich Gott zuwenden

Votum

Wir zünden die Kindergottesdienstkerze an mit den Worten:
Wir sind zusammen im Namen Gottes, der die Welt geschaffen hat,
indem er Licht in das Dunkel brachte,

im Namen Jesu Christi, der mit Gottes Licht die Welt erhellt hat,
und im Namen des Heiligen Geistes, der uns in seinem Licht leben lässt. Amen.

Eingangsgebet – Psalmgebet – nach Psalm 27
Gestaltete Mitte mit Kerzen und Kreuz und mit Sonnenstrahlen, die aus gelber Pappe ausgeschnitten werden, bzw. mit Kerzenleuchtern (s. Angebot Junge Gemeinde), die als Sonnenstrahlen in die Mitte um eine ausgeschnittene Pappsonne zum Kreuz gelegt werden.

***Kehrvers** (gesprochen oder gesungen): Gottes Liebe ist wie die Sonne, sie ist immer und überall da. (Das Kindergesangbuch, Claudius, Nr. 153)*

Guter Gott, mit Deinem Licht hast Du vor langer Zeit die Welt geschaffen,
in das Durcheinander hast Du Licht und Leben gebracht,
Pflanzen und Tiere, den Menschen, auch mich hast Du geschaffen.
Und auch heute leuchtet mir Dein Licht auf allen meinen Wegen.
Kehrvers: Gottes Liebe ist wie die Sonne ...
Am Morgen weckt mich die Sonne mit ihren Lichtstrahlen
und schenkt mir einen neuen Tag, an dem ich leben kann.
In Deinem Licht darf ich meine Schritte in den Tag gehen.
Du gehst mit mir durch helle und dunkle Tage.
Jeden Tag aufs Neue lässt Du die Sonne aufgehen und in der Nacht
leuchten der Mond und die Sterne hell am Himmel.
Darauf kann ich mich verlassen.
Kehrvers: Gottes Liebe ist wie die Sonne ...
Guter Gott, wenn Dein Licht aufscheint, wendet sich das Leben der Menschen.
Wir können die Welt in einem neuen Licht sehen, denn Du machst
die Dunkelheiten hell und hilfst auch mir, wenn ich nicht weiter weiß.
Du lässt uns sehen, was verborgen ist. Du bist bei mir, immer und allezeit.
Dir und Deiner Liebe kann ich vertrauen.
Kehrvers: Gottes Liebe ist wie die Sonne ...

Hören – Antworten

Textlesung aus der Kinderbibel
Zum Vorlesen der biblischen Geschichten von Johannes dem Täufer eignet sich sehr gut: die Kinderbibel von Sieger Köder, Katholisches Bibelwerk, Stuttgart 1995.

Lieder: Die güldne Sonne (EG 449), Die Kerze brennt (KG 28), Gottes Liebe ist wie die Sonne (KG 153), Gottes Wort ist wie Licht in der Nacht (KG 149), Licht der Liebe (KG 25), Mache dich auf und werde Licht (KG 24).

Hier wird deutlich, wie Licht das Leben der Menschen erfüllt und erhellt.

Die Halle der Welt mit Licht erfüllen

Vor vielen, vielen Jahren lebte ein König. Der wohnte in einem Schloss mit hohen Türmen und hellen Fenstern. Das schönste aber im Schloss war der große Festsaal, die Königshalle. Zweimal tausend Gäste hatten darin Platz, wenn der König ein Fest feierte. Der König hatte zwei Söhne. Die rief er eines Tages zu sich und sprach: »Meine lieben Kinder, ich bin alt und werde nicht mehr lange leben. Einer von euch soll nach mir König sein und das Land regieren. Ich habe euch beide gleich lieb und weiß nicht, wem ich das Land geben soll. Deshalb sollt ihr eine Aufgabe lösen. Und wem das am besten gelingt, der soll König sein.« Die beiden Söhne waren einverstanden und fragten: »Vater, was sollen wir tun?«
Da sprach der König: »Ich gebe jedem von euch ein Goldstück. Kauft davon etwas, was die große Königshalle bis unter das Dach ausfüllt. Nicht ein Winkel darf frei bleiben! Und was ihr kauft, muss an einem Tag, an einem einzigen Tag, in die Königshalle hineingetragen werden. Geht nun und wählt gut!«
Die beiden Königssöhne gingen davon und überlegten. Der ältere Sohn machte sich als erster auf den Weg. Tag und Nacht wanderte er durch Städte und Dörfer und suchte nach dem, womit er die Königshalle füllen könnte. Er kam zu einem Bauern, der hatte große Scheunen voll Stroh. Und der Königssohn sah, dass der Bauer das Stroh für wenig Geld verkaufte. Da freute sich der Königssohn und dachte bei sich: »Ich weiß, was ich tue! Mit diesem Stroh fülle ich die Halle meines Vaters, und dann werde ich König sein.« So kaufte er dem Bauern das viele Stroh ab und gab ihm sein Goldstück dafür. Dann ließ er das Stroh auf riesige Wagen laden und fuhr es zum Schloss. Vom Morgen bis zum Abend trug er das Stroh in die Königshalle hinein. Aber als es dunkel wurde, da war die Halle noch nicht einmal halb gefüllt. Traurig ging der Königssohn davon.
Der König und seine Minister warteten gespannt auf den jüngeren Sohn, der ebenfalls ausgezogen war. »Wird er die Halle füllen können?«, so dachten sie. »Und womit wird er es tun?«
Als drei Tage vergangen waren, kam der jüngere Sohn zurück ins Schloss. Er hatte nur einen Kasten aus braunem Holz bei sich. Den trug er in die Halle und verschloss die Tür. Als er nachgesehen hatte, dass er alleine war, öffnete er den Kasten. Es waren viele kleine Öllampen darin. Die hatte er für sein Goldstück gekauft. Er stellte sie überall in der großen Halle auf und zündete sie an. Als die Sonne untergegangen war, ging der Königssohn zu seinem Vater und sagte: »Die Aufgabe ist gelöst. Komm und sieh!«
Draußen war es dunkel. Der König und seine Minister gingen zur Königshalle. Als sie nun die Tür öffneten, blieben sie überrascht stehen. Helles Licht strahlte ihnen entgegen! Die vielen kleinen Lampen leuchteten bis unters Dach und in die finstersten Winkel hinein. Die große Halle war ganz voll von Licht. Da legte der König seinem Sohn beide Hände auf die Schultern und sprach: »Mein Sohn, du hast klug gewählt und die Aufgabe zu meiner Zufriedenheit gelöst. Darum sollst du nach mir König sein.« Die Minister

verneigten sich und riefen: »Ja, er soll König sein!« Da freute sich der Königssohn und seine Augen leuchteten wie Licht.

Nacherzählung einer Geschichte von Leo N. Tolstoi

Kreative Ideen

Bei den kreativen Anregungen werden alte Bräuche zum Johannistag aufgegriffen und methodische Anregungen und Gestaltungsvorschläge gemacht.

Kräutersäckchen herstellen

Früher gab es am Johannistag den Brauch, aus verschiedenen Blumen und Kräutern einen Johanniskranz zu flechten, dieser wurde dann an der Haustüre befestigt. Im Kindergottesdienst lässt sich dieser Brauch abwandeln. Man kann mit den Kindern Blumen und Kräuter sammeln und trocknen. Die getrockneten Kräuter und Blüten können dann in ein kleines Stoffsäckchen gegeben werden.

Zeichnung: Urd Rust

Fruchtkaltschale herstellen und gemeinsam essen

Die Johannisbeeren erinnern uns an Johannes den Täufer. Meist wird aus den Johannisbeeren Marmelade gekocht oder leckerer Kuchen gebacken.
Im Kindergottesdienst könnte aus den Beeren eine leckere Kaltschale zubereitet und gemeinsam gegessen werden.

Zeichnung: Urd Rust

Rezept Beerenkaltschale

(ganz einfach, braucht aber Zeit zum Abkühlen)

250 gr. Brombeeren oder auch andere Beeren
250 gr. Johannisbeeren
130 gr. Zucker
1 Pk. Vanillezucker
1/8 l Johannisbeersaft
Saft einer Zitrone
1 l Buttermilch

Die Beeren in ein Sieb geben, kurz mit kaltem Wasser abspülen und abtropfen lassen. Zucker mit Vanillezucker im Johannisbeersaft erhitzen und den Zitronensaft dazu rühren. Die »süße Suppe« an einem kühlen Ort kalt stellen, zum Schluss zur letzten Abkühlung in den Kühlschrank. Kurz vor dem Servieren Beeren und Buttermilch unterrühren.

Sonnen/Licht – Bilder malen/legen

Auf großen Papier/Pappkarton können die Kinder in kleinen Gruppen zusammen ein Sonnenbild malen. Dazu werden verschiedene Gelb-, Orange- und Rottöne als Farben zur Verfügung gestellt (Fingerfarben/Wasserfarben), die von den Kindern selbst gemischt werden können. Als Technik eignet sich Fingerdruck: Die Fingerkuppen tauchen in die Farbe ein und dann werden mit den Fingern Abdrücke oder Fingerstriche aneinandergereiht. Dazu wird auf der Papierfläche mit dem Bleistift ein Kreis vorgezeichnet (rundes Gefäß/Tasse o. Ä. als Vorlage). Dann wird die Sonne im Fingerdruck gestaltet, mit viel Ruhe und Ausdauer, Tupfer für Tupfer. Als Vorlage kann den Kindern das Bild von Vincent van Gogh »Der Sämann« gezeigt werden. Hier findet sich im Mittelpunkt eine große Sonne, die ähnlich angefertigt wurde.
Alternativ kann aus verschiedenen Legematerialien (Steine, Glasnuggetts, Tücher, Märchenwolle) in den Farben weiß, gelb, orange ein großes Sonnen/Lichtbild auf einem Untergrund (Tuch/Karton) gelegt werden.

Stichworte:
Licht, Sonne,Taufe, Jesus, Johannes, Licht der Welt, Hoffnung, Vertrauen, Johannistag

Christine Wolf

Keine Macht für niemand!
Macht und Machtmissbrauch der Könige in Israel

08.07.2012
(5. Sonntag nach Trinitatis)
Ein König für Israel – Gottes Stellvertreter? Saul wird gesalbt
(1 Samuel 8–10,1 und Psalm 2,10–12)

15.07.2012
(6. Sonntag nach Trinitatis)
Von allen guten Geistern verlassen – ein König versagt. David wird angegriffen und flieht
(1 Samuel 19,8–18)

22.07.2012
(7. Sonntag nach Trinitatis)
Macht nicht ausnutzen und Frieden bewahren. David verschont Saul
(1 Samuel 26)
Schwerpunkt der Reihe

29.07.2012
(8. Sonntag nach Trinitatis)
Machtbegrenzung. Nathan, David und Batseba
(2 Samuel 11–12,15)

05.08.2012
(9. Sonntag nach Trinitatis)
Macht-Ende. Jojakim verbrennt die Worte Gottes
(Jeremia 36)

»Keine Macht für niemand« gibt es nicht, weil ich auch mit »nicht handeln« mächtig handele. Wegsehen, Schweigen und der Satz »Ich kann ja nichts machen« können eine schreckliche Macht über Leben und Tod in sich tragen: Auch sie sind eine Form von Machtmissbrauch.
Der Begriff »Macht« ist bei uns schnell negativ besetzt. Zunächst einmal geht es lediglich um jemanden, der die Chance hat, etwas zu *machen*. Ein Mensch packt an, was nötig ist, koordiniert, plant für die Zukunft, ermutigt andere mitzumachen. Wir brauchen solche Menschen!
Es geht also darum, verantwortlich mit Macht umzugehen. In dem Wort »verantworten« steckt »antworten«. Ich antworte auf eine konkrete Situation. Dabei kann ich Fehler machen, scheitern, auch das steckt in »verantworten« drin. Verantwortung tragen ist also auch mit Risiko verbunden. Darum ist die Verbindung zu Gott so wichtig, wenn es um den Umgang mit Macht und Verantwortung geht. Gott mutet uns Macht zu. Gott überträgt uns Verantwortung. Wenn wir Fehler machen, spüren wir die Konsequenzen. Und doch ist Gott da, in dessen Hand wir fallen können.
Auch von diesen Erfahrungen erzählen die biblischen Geschichten dieser Reihe.
Die Geschichten erzählen auch vom Missbrauch der Macht. Wo jemand sich anmaßt, über Leben und Tod zu bestimmen, wo jemand bildlich oder gar wörtlich »über Leichen geht«, da hat das tödliche Folgen. Und wenn einer meint, er könne Gottes Rolle aus der Welt ausbrennen, da erlebt er die ganz andere und nicht endende Macht Gottes. Und wer Gottes auffangende Hand leugnet und ignoriert, stürzt sich selbst ins Bodenlose.
Ich möchte die Sinne dafür schärfen, dass wir mächtigen Menschen auf die Finger gucken und Unrecht auch so benennen. Damit wir das können, müssen wir uns selbst als »unter Gott gestellt« verstehen. Ich möchte, dass auch Kinder in ihrer Lebenswelt wahrnehmen, wie sie mit ihrer Macht umgehen. Nicht als Fingerzeigen auf andere, denn in jedem Menschen liegen Machtgebrauch und Machtmissbrauch nahe beieinander, wie bei David.

Um sich dem vielschichtigen Thema »Macht« anzunähern kann man im Team zum Einstieg Assoziationsketten machen. Jede/r schreibt allein oder in der Gruppe die Gedanken auf, die spontan entstehen und zieht dabei eine Linie zu dem Stichwort, von dem her der Gedanke wachgerufen wurde. Ein Stück in diesen Ketten könnte so aussehen: ***Macht – machen – leiten – Mut haben – Verantwortung übernehmen – Gottes Wort bewahren und vertreten ...***

Liturgische Gestaltung

Gebet für den Beginn
Gott, Du bist der Herr. Du bist einzig.
Niemand ist Dir gleich.
Unter Dein Wort will ich mich stellen.
Deine Weisungen sollen mich leiten.
Gott, Dein Wort ist meines Fußes Leuchte und ein Licht auf meinem Weg.
So soll es sein.
Hilf mir, Gott.
Stell Dich mir in den Weg, wenn ich in die falsche Richtung laufe.
Amen.

Lied zum Ausgang und Segen
»Du, Gott, stützt mich. Du Gott, stärkst mich. Du, Gott, machst mir Mut.« (in vielen Liederbüchern vorhanden). Das Lied möglichst im Kreis stehend mit Bewegungen gestalten:

Stützen	*Einander nach rechts und links an den Schultern stützen.*
Stärken	*Einander nach rechts und links in der Hüfte stärken.*
Mut	*Den Ton lang singen. Dabei die Arme angewinkelt mit der Faust nach oben. Am Ende mit einem Mutruf.*
»JA!«	*Die Arme kraftvoll etwas nach unten bewegen.*

Dann das Lied von vorn beginnen. (Die Bewegung zum »Mut« erinnert an den Ausruf, wenn mir etwas gelungen ist, wofür ich meine Kraft eingesetzt habe. Sie hat nichts mit der Gewalt eines Faustschlages zu tun! *Im Team vorher erproben*!)

Kurzgeschichte

Für das Team und für die Großen kann diese Geschichte ergänzend zu Jeremia 36 eingesetzt werden: Gottes Rolle lässt sich nicht verbrennen.

Emporfliegende Buchstaben – Eine jüdische Legende

Die römischen Besatzer ahnen wohl, welche Kraft in Gottes Wort steckt. Darum haben sie das Lernen der Thora verboten.
Ein römischer Hauptmann hört aus dem Haus von Rabbi Chanina ein leises Murmeln. Sofort lässt er das Haus mit Gewalt öffnen. Da sitzt Rabbi Chanina und liest seinen Schülern aus der Thora-Rolle vor: »Darum sollst du den Ewigen, deinen Gott, lieben mit ganzem Herzen, mit ganzer Seele und mit ganzer Kraft ...« Weiter kommt er nicht, weil die Soldaten ihm die Rolle entreißen, ihn packen und zum Haus hinauszerren. Und dann geht alles sehr schnell. Mitten im Dorf wird Holz für ein Feuer aufgeschichtet. Der Henker wickelt Chanina in die Thora-Rolle, legt ihn auf den Holzhaufen und entzündet das Feuer.
Entsetzt und hilflos müssen die Schüler dabei stehen. Ein Schüler sieht, dass der Rabbi zum Himmel hinaufschaut und er fragt: »Rabbi, was siehst du?« Chanina antwortet: »Ich sehe, wie das Pergament der Thora-Rolle zwar verbrennt, aber die Buchstaben fliegen dem Himmel entgegen. So wird auch meine Seele IHM, dem Ewigen, entgegenfliegen.«
Dann stirbt der Rabbi im Feuer.
Voller Trauer gehen Chaninas Familie und seine Schüler fort. Eins aber leuchtet in ihren dunklen Gedanken: Die Worte der Thora kann niemand verbrennen!
Sie werden die Worte der Thora weiter in die Welt rufen: »Sch'ma Jisrael Adoschem Elohejnu Adoschem Echad.« »Höre Israel: Der HERR, unser Gott, ist EINZIG!«

Kreative Ideen

Ich schlage eine vertiefende Arbeit vor, die sich über die gesamte Zeit der Reihe erstreckt und auch eine Wirkung über den Kindergottesdienst hinaus haben kann: **Eine Ausstellung mit mehreren Abteilungen unter dem Stichwort »Macht« entsteht.**

Drei mögliche Abteilungen:
a) Hier wird Macht missbraucht. – Dazu sagen wir »NEIN!«
b) Hier wird Macht gut eingesetzt. – Dazu sagen wir »JA, BITTE!«
c) GOTT und SEINE Macht

Die Abteilungen können Tischflächen, Fensterbänke, abgegrenzte Bodenflächen sein – je nach örtlichen Gegebenheiten. Sie bleiben während der ganzen Reihe bestehen und werden nach und nach gefüllt. Abholende Eltern und andere Gemeindeglieder können die Ausstellung wahrnehmen, sich erklären lassen und so ins Gespräch kommen.

Zur Gestaltung der Abteilungen

Notwendig ist ein vielseitiger Pool einfacher Materialien, mit dem die Kinder möglichst frei arbeiten können. Knete, Malwerkzeug, Karton (gerne Reste, Abschnitte ...), Klebstoff, Draht, Wolle, Schnur, Steine, Hölzer, aber auch Schreibpapier und gutes Schreibgerät gehört dazu. Hier können alle Möglichkeiten eingesetzt werden, die vor Ort vorhanden sind. Die Kinder sollen viel Freiraum zur Gestaltung haben. Sie können allein oder auch in einer kleinen Gruppe etwas herstellen. Teamer halten sich in der Kreativzeit inhaltlich zurück, sind aber bei technischen Problemen ansprechbar und natürlich Zuhörer, wenn Kinder ihr Werk erläutern möchten.
Die Zusammenstellung in den Ausstellungsabteilungen unterstützen die Teamer vor allem auch durch die Beschriftungen, die sie auf Aufstellkärtchen erstellen.

Die Jüngeren können sich an den erzählten Geschichten orientieren, dazu malen oder mit Knete einzelne Szene darstellen und diese den Abteilungen zuordnen.
Die Älteren sollen Beobachtungen, eigene Erfahrungen, Gelesenes oder Erlebtes einbeziehen. Sie ziehen also mehr gedankliche Verbindungen in die eigene Gegenwart und Situation hinein. Durch die Materialien finden sie andere Ausdrucksmöglichkeiten als Worte. Sie haben die Freiheit, ihr Werk zu erläutern oder auch als »Geheimnis« stehen zu lassen.

1. Sonntag

Ein Volk will einen König. Was ist daran schlimm? Warum ist Samuel darüber so entsetzt? Samuel sieht dahinter: Hier geht es nicht um ein geordnetes Gemeinschaftsleben, sondern um Macht.
»Wir wollen dieselbe Macht ausstrahlen wie unsere Nachbarn. Die haben einen Mächtigen mit Pomp und Befehlsgewalt. Das macht was her. Da zittern die anderen.« Die Familienchefs erwarten, dass ein Königsglanz auch ihnen eine glänzende Zukunft garantiert. Vergeblich beschreibt Samuel die Realität: Ein so mit Macht ausgestatteter König wird alle Energie, allen Wohlstand, allen Glanz an sich ziehen. Das Volk wird ausbluten. Samuels Mahnung wird nicht gehört. Samuel schaut mit Gottes Augen auf die Situation: Was von Israel ausstrahlen soll, ist die Macht Gottes. Aber die missachten sie, denn die ist nicht pompös. Gottes Macht ist anders. Gott tröstet den entsetzten Samuel: »Sie verwerfen nicht dich, sondern mich. Sie müssen die Erfahrung machen, was das bedeutet. Darum lasse ich zu, dass sie einen König einsetzen.« So wird Saul König. Er ist groß, er ist schön, er macht Eindruck.

Für die Ausstellung
Mit Knete oder anderen Materialien arbeiten: z.B. das Gegenüber von der Volksmenge und Samuel. / Bilder von dem, was Samuel beschreibt aus Tageszeitungen u.Ä. auswäh-

len. (Was kann passieren, wenn man einem die Macht einfach überlässt?) / Eine große Saul-Figur und drumherum das Volk unter seiner Herrschaft. / Samuel wird von Gott getröstet. Ein abstraktes Werk dazu gestalten.

2. Sonntag

Bald wird Sauls Königschaft verdunkelt von seiner Eifersucht, seinem Hass, seinem Jähzorn. Er missachtet Freundschaft, wird unberechenbar.

Für die Ausstellung
Jüngere malen zur Geschichte und ordnen die Motive den Abteilungen zu.
Ältere überlegen: Was geht kaputt, wenn jemand Macht missbraucht? Wo gibt es missbrauchte Macht auch im Kleinen bei uns? Dazu gestalten sie Objekte für die Ausstellung.

3. Sonntag

David ist zwar der Verfolgte, aber hier kommt er in eine Situation, in der er die Macht hat. Seine Begleiter fänden es in Ordnung, wenn er Saul tötet. Aber David tut es nicht. Mit dem Stoffstückchen zeigt er seine Stärke. Der Verzicht auf das Ausnutzen seiner Möglichkeiten macht ihn stark und zeichnet ihn für die Übernahme der Königschaft aus.

Für die Ausstellung
Jüngere bauen die Höhlenszene und / oder das Gegenüber von David mit dem Stoffstück und Sauls Erschrecken.
Mit Älteren: Verzicht auf eine mächtige Handlung macht stark. – Kennen wir das auch in unserer eigenen Erfahrung? Was heißt »verantwortlich mit Macht umgehen?« Was sind Folgen von Verzicht auf die Macht der Gewalt? Hier handelt David »unter Gott«: dazu ein Objekt herstellen oder etwas schreiben oder malen.

4. Sonntag

Auch der große David missbraucht seine Macht. Er nutzt Situationen für seinen Vorteil aus und geht dafür sogar über Leichen. Wir ahnen: Jeder Mensch, auch der »Beste«, steht in der Gefahr, seine Position zu missbrauchen. Darum müssen wir wachsam bleiben, uns selbst gegenüber, aber auch immer da, wo von uns blindes Vertrauen verlangt wird.
Durch Nathan erkennt und benennt David selbst die Konsequenzen solchen Handelns in aller Härte. (Anmerkung zum Erzählen: Ich würde Kindern den Tod des Kindes nicht erzählen, sondern die »Lösung« in der Geschichte des Nathan und in Davids unmittelbarer Reaktion darauf belassen. Davids Bekenntnis lässt sich damit nahtlos verbinden. Alles andere würde Kinder mit schwierigen Herkunftsverhältnissen u. U. mit Ängsten erfüllen, was unverantwortlich wäre.)
David erschrickt über sich selbst und findet zurück in die Haltung, die ihm Leben ermöglicht: unter Gott.

Für die Ausstellung
Jüngere gestalten Szenen zur Geschichte.
Ältere überlegen: Fehler machen, Fehler erkennen, Fehler bekennen ...
David stellt sich wieder unter Gottes Macht: dazu ein (abstraktes) Objekt gestalten.

5. Sonntag

Was für eine Vorstellung: Die Warnworte des Jeremia, aufgeschrieben auf einer kostbaren Pergamentrolle, haben viele Macht habende Männer tief beeindruckt. Sie halten sie für so wichtig, dass sie dem König davon berichten. Der fordert, dass ihm alles vorgelesen wird. Alle erwarten, dass Jojakim ähnlich beeindruckt sein wird. Doch der hört zu, schneidet ab und verbrennt das Pergament – Stück für Stück – bewusst, gewollt, genießerisch. Ein Gipfel des Machtmissbrauchs und vor allem der Missachtung der Macht Gottes. Und keiner greift ein. Wie gelähmt scheinen die Berater. Ein paar Warnrufe verhallen ungehört. Doch Jojakim muss scheitern. Gottes Rolle kann man nicht vernichten. Gottes Wort ist lebendig und dem Zugriff des Königs entzogen. Eine neue Pergamentrolle wird beschrieben und Weiteres kommt hinzu. Dass wir die Geschichte so erzählen können, liegt daran, dass sie auf dieser Pergamentrolle aufgeschrieben wurde. Gottes Rolle kann man nicht aus der Welt kriegen.

Für die Ausstellung:
Jüngere gestalten Bilder oder Szenen zur erzählten Geschichte.

Ältere schreiben die »Rolle Gottes«. Einzelne Papiere werden dann zu einer Schriftrolle zusammengefügt, die den Abschluss der Ausstellung bildet: Die Rolle Gottes kann kein Mensch auslöschen. Textvorschläge für die Rolle sollte das Team vorbereiten, etwa aus Jeremias Reden, evtl. aus den anderen Geschichten dieser Reihe, dazu das Bekenntnis »Höre Israel ... (Siehe oben, S. 65, in der Legende von Chanina). Gutes Schreibgerät und die Ermutigung, die Texte grafisch zu gestalten, hilft den Kindern sich auf eine solche Arbeit einzulassen.

Stichworte:
Macht, Leitung, Verantwortung, Missbrauch, Hass, Vergebung

Brigitte Messerschmidt

Sorge für Kinder – Sorgenkinder

12.08.2012
(10. Sonntag nach Trinitatis)
Eine Mutter lässt sich nicht unterkriegen
(Matthäus 15,21–28)

19.08.2012
(11. Sonntag nach Trinitatis)
Ein Vater vertraut
(Johannes 4,43–53)

26.08.2012
(12. Sonntag nach Trinitatis)
Eine Familie verändert sich
(Matthäus 12,46–50)

Eine Mutter und ein Vater sind in großer Sorge um ihr schwerkrankes Kind. Sie machen sich auf den Weg, überschreiten mutig Grenzen, um Hilfe von Jesus zu bekommen:

- Die nichtjüdische Mutter, die wie ein kläffender Hund Jesus nachläuft und dreimal geistreich ihre Stimme für ihr Kind erhebt.
- Der königliche Beamte, der in seiner menschlichen Ohnmacht voll Vertrauen um die heilende Macht Gottes für sein sterbenskrankes Kind bittet.

Beide erfahren: Ihr Einsatz für ihr Kind glückt: Jesus wendet sich auch ihrem Menschenkind zuhause zu. Es wird gesund.

Hier spiegelt sich gut das biblische Verständnis von Krankheit und Gesundheit als Beziehungsgeschehen wieder: Krank ist ein Mensch, wenn die Beziehung zu seinem Körper (krank an Leib und Seele), zu anderen Menschen (Isolation) und zu Gott (Krise des Grundvertrauens) gestört ist. Besonders kranke Kinder erleben intensiv diese drei Beziehungsstörungen.

Jesus macht gesund, indem er diese Beziehungen neu ins Spiel bringt: Er stärkt das vorhandene Vertrauen der Eltern auf Gottes Kraft – ihre Kinder werden das heilsam spüren. Er lässt sie als Fremde teilhaben an der Solidargemeinschaft des Volkes Gottes. Freude für das ganze Haus. Er befreit die Kinder von körperlicher und seelischer Krankheit. Auch in der eigenen Familie, die sich um ihr »Sorgenkind Jesus« sorgt, lädt Jesus zu neuen, heilsamen Beziehungen ein: »Lasst doch eure Sorge um mein Leben, kommt herein ins Haus Gottes, in den mütterlichen und geschwisterlichen Kreis, Gott wird für uns alle schon sorgen.« In den drei Gottesdiensten dieser Reihe wird diese neue Gemeinschaft gefeiert und gestärkt und das mutige »Sorgenwerfen auf Gott« trainiert.

Buchtipp zum Thema »Sorge für Kinder«
Ein eindrückliches Bilderbuch zum Thema »Sorge für Kinder«, das für die größeren Kinder interessante historische und aktuelle Aspekte eröffnen kann, ist:
Ruth vander Zee und Roberto Innocenti: **Erikas Geschichte**, Düsseldorf 2003.
Eine jüdische Mutter sorgt für das Überleben ihres Kindes, indem sie es aus ihrer Sorge entlässt und auf die Sorge anderer hofft.

Liturgische Gestaltung

Zusammenkommen – sich Gott zuwenden

»Sorgenwerfer-Psalm« (nach Psalm 55,23a)
Den Kehrvers sprechen alle mit Bewegungen:

Alle meine Sorgen	*Hände greifen einen unsichtbaren Sorgenklumpen*
werfe ich auf Dich,	*Sorgenklumpen wie einen Basketball nach oben schleudern*
Gott.	*Arme und Hände gehen nach oben gestreckt auseinander halten (Gebetshaltung)*
Denn du sorgst für mich.	*Hände langsam übereinander auf das Herz legen*

Kehrvers: Alle meine Sorgen ...
Manchmal sind meine Sorgen riesengroß, Gott.
Ich kann sie nur ganz schwer tragen.
Bitte, schenke mir Deine Kraft.
Kehrvers: Alle meine Sorgen ...
Manchmal bereite ich Mama und Papa große Sorgen.
Wenn ich krank bin und hohes Fieber habe.
Bitte, schenke ihnen Deine Kraft.
Kehrvers: Alle meine Sorgen ...
Manchmal werden meine Sorgen spürbar kleiner.
Wenn andere für mich eintreten und für mich kämpfen.
Gott, schenke ihnen Deine Kraft.
Kehrvers: Alle meine Sorgen ...

Hören und Antworten

Zur Vertiefung der biblischen Erzählungen stimmen alle in Psalm 8 mit ein.
Wir staunen über Gottes Sorge für uns Menschenkinder.

Lied: »Wie herrlich ist Dein Name in allen Landen«

Text: Psalm 8, Melodie: Thomas Gabriel, 2004, © beim Komponisten

Kurzgeschichte

Der verzweifelte Robert erfährt, wie die kranken Kinder der ersten beiden Bibelgeschichten, dass sich sein Vater für ihn geistreich einsetzt. Solche Eltern wünschen sich »Sorgenkinder«. Und viele Kinder haben sie auch.

»Na, Robert«, fragte der Vater beim Abendbrot, »gefällt dir mein Buch?« Der Vater hatte den Dachboden aufgeräumt und dabei sein Lieblings-Kinderbuch wiedergefunden. Voller Freude hatte er es gleich Robert gegeben: »Du darfst zuerst in meinem Lieblingsbuch lesen. Aber behandle es gut.« Doch Robert wurde plötzlich knallrot im Gesicht. Dann kullerten dicke Tränen seine Wangen hinunter. »Robert, was hast du?« Aber Robert bekam kein einziges Wort heraus. Er war wie erstarrt und versteinert.
Erst als der Vater ihn auf den Schoß nahm und er dreimal laut in das große Stofftaschentuch schnäuzte, konnte er wieder sprechen. »Papa, dein Buch ist so toll. Ich habe es schon ganz gelesen. Und dann habe ich es heute Nachmittag mit zu Paul genommen. Dem wollte ich das Buch unbedingt zeigen. Doch als ich gehen wollte, sagte Pauls Mutter zu mir: ›Halt, das ist mein Kinderbuch! Das darfst du nicht mitnehmen! Das gehört mir!‹ Alles Reden von Paul und mir half nichts. Seine Mutter gab das Buch nicht her.« Wieder musste Robert weinen. »Aber es ist doch dein Buch, Papa! Jetzt ist es weg. Wegen mir.« Noch am selben Abend fuhr Roberts Vater zu Pauls Mutter. Die behauptete weiterhin mit lauter Stimme: »Das ist mein Kinderbuch. Das weiß ich ganz genau. Die

wertvolle Erstausgabe. Ihr Robert wollte das Buch einfach mitnehmen.« Roberts Vater blieb ganz ruhig.
»Schlagen Sie doch bitte mal Seite 24 auf. Ist dort irgendwo ein gemaltes, rotes Herz zu finden?« Pauls Mutter runzelte die Stirn, aber dann schlug sie Seite 24 auf. »Tatsächlich, hier, sehen Sie, ein kleines rotes Herz. Was bedeutet das?« »Das bedeutet«, sagte Roberts Vater, »dass dies mein Kinderbuch ist. Ich habe in alle meine Bücher auf Seite 24 ein rotes Herz gemalt. Der 24ste ist nämlich mein Geburtstag.«
Nach einigem Suchen fand Pauls Mutter auch ihr eigenes Kinderbuch wieder. Es war im Bücherregal nach hinten gerutscht. Sie entschuldigte sich mehrmals, denn die Sache war ihr so richtig peinlich. »Am besten sprechen Sie gleich selbst mit Robert.« Roberts Vater gab ihr sein Handy und sie redeten lange miteinander. »Hier, Robert möchte noch einmal mit ihnen sprechen.« »Danke Papa, dass du für mich so gekämpft hast. Und die Idee mit dem Geburtstagsherzen auf Seite 24 ist echt cool von dir. Ich hab dich sehr lieb.«

Kreative Ideen

1. Sonntag

Wir denken an unsere jüdischen Geschwister.
Am Israelsonntag denken wir besonders an unsere Beziehungen zu unseren jüdischen Schwestern und Brüdern. Christen haben dem jüdischen Volk unsagbare Sorgen und schlimmes Leid bereitet (Holocaust). Doch Gott steht treu zu seinem Volk. Durch Jesus Christus gehören auch wir dazu. Wir sind von ganzem Herzen dafür dankbar und setzen uns für unsere jüdischen Geschwister ein, wo es Not tut.

Spiel:
Füreinander sorgen: Die Reise von Kapernaum in alle Welt

Material:
Ein stabiler Stuhl ohne Armlehnen für jedes Kind; CD-Player und Musik aus Israel

Ablauf:
Alle Kinder setzen sich auf einen der Stühle, die Rückenlehne an Rückenlehne in einer Reihe stehen. Wenn die Musik beginnt, gehen alle im Uhrzeigersinn um die Stuhlreihe. Ein Stuhl wird weggestellt. Stoppt die Musik, setzen sich alle. Das Kind ohne Stuhl darf sich bei einem Mitspieler auf den Schoß setzen. Nun gehen die beiden gemeinsam, an den Händen gefasst, weiter. Bei jeder Musik wird ein weiterer Stuhl zur Seite gestellt. So entstehen kleine Gruppen. Auf den letzten Stuhl versuchen sich alle nacheinander (Schoß auf Knie) zu setzen. Wenn alle füreinander sorgen, gelingt es.

2. Sonntag

Eine Fürbitten-Weltkugel gestalten

Der fremde königliche Beamte, vertraute Jesus. Sein Kind wurde gesund. Dieses Vertrauen zog Kreise. Von seinem Haus in alle Welt. Wir lernen Kinder aus anderen Ländern kennen und beten für sie.

Zeichnung: Dirk Schliephake

Material:
aufblasbarer Globus, Schnur, unifarbene Stoffbänder (je 3 m x 3 cm), doppelseitiges Klebeband, Sitzkissen, Kinderbiografien aus verschiedenen Ländern (z.B. Brot für die Welt bzw. Weltgebetstagsmaterial)

Der Globus wird aufgeblasen und mit einer Schnur einen Meter über dem Boden aufgehängt. Einzelne Bandenden werden auf verschiedene Länder geklebt. Die Bänder hängen rings um den Globus herunter bis vor ein Sitzkissen.

Zu dem jeweiligen Kind aus diesem Land liegt jeweils eine kurze Information auf dem Sitzkissen bereit, (z. B. Ich bin Sanchez. Ich lebe in Chile ...). Die Kinder setzen sich auf die Sitzkissen und nehmen vorsichtig das hängende Bandende in eine Hand. Sie lesen leise den Text und beten still für das Kind in diesem Land. Kindern, die nicht lesen können, wird von den Kindern erzählt. Nach einem Klangschalenton werden die Plätze getauscht. Zum Abschluss beten alle gemeinsam das Vaterunser.

3. Sonntag

Tauferinnerungstuch gestalten

Material:
weißen Baumwollstoff (1 m x 2 m), Stoffmalfarben

Die Taufe ist das Sakrament einer weltweiten, neuen Gemeinschaft. Überall gibt es Christen, die in Gemeinden ihr Leben teilen und zusammen Gottesdienste feiern. Durch die Taufe haben wir Geschwister in der ganzen Welt. Überall stehen für uns die Türen offen. Denn Jesus Christus lädt ein: Kommt herein und staunt! Das ist wunderbar. Weil wir Geschwister sind, sorgen wir gut füreinander und teilen, was wir haben.

Auf einem großen, am Rand umgenähten Baumwolltuch gestalten wir mit Farben ein Bild der neuen, weltweiten Gemeinschaft. Als Mitte wird der Taufstein der Kirchengemeinde gemalt. Die Taufe verändert die Welt.
Das Tauferinnerungstuch kann als Altardecke, Tischdecke für gemeinsame Mahlzeiten, oder auch als Wandbehang dienen.

Stichworte:
Geschwister, Heilung, Kinder, Krankheit, Mutter, Sorgenkinder, Taufe, Vater

Dirk Schliephake

Bileam und die Macht der Worte

02.09.2012
(13. Sonntag nach Trinitatis)
Eine Eselin sieht mehr als ein Seher
(4 Mose 22,1–35)

09.09.2012
(14. Sonntag nach Trinitatis)
Bileam segnet
(4 Mose 23,16–24,25)

Segen und Fluch liegen ganz dicht beieinander. Davon erzählen schon Märchen. Das Leben eines Menschen wird von seinen Mitmenschen als *gesegnet* bezeichnet, besonders, wenn jemand in einem hohen Alter verstorben ist. Medizinischer Fortschritt ist *segensreich, es* liegt aber kein *Segen* auf einer Erfindung, wenn sie nicht unbedingt dem Wohl dient.

Oft erscheint eine Entdeckung eher wie ein *Fluch*. Epidemien und Kriege sind ein *Fluch* für die Menschheit.

Fluch und Segen werden über jemanden ausgesprochen, dadurch besitzen sie Kraft und lenken die Geschicke dessen, über dem sie ausgesprochen worden sind. Bekräftigend werden sie auch von Gesten und Handlungen begleitet.

Bileam lebt in der Spannung von Segen und Fluch. Durch diese Spannung macht er eine persönliche Wandlung durch, indem er vom Seher zum Propheten wird.

Bileam stammt aus Mesopotamien und ist kein Israelit. Aber der Gott Israels spricht zu ihm und macht ihn zu seinem Mittler. Er erfährt, dass der Segen Gottes nicht durch einen Fluch gebrochen werden kann. Gottes Volk Israel wird dann von Bileam gesegnet!

Das Volk Israel wird vom Moabiter-König Balak als Bedrohung empfunden. Damals war es dann üblich, dass jemand (oder auch ein ganzes Volk) verflucht wurde, weil man glaubte durch einen Fluch einen Segen begrenzen zu können. Deshalb versteht Balak nicht, dass Bileam das Volk Israel nicht verfluchen kann.

Eine besondere Bedeutung bekommen in diesem Geschehen die Eselin Bileams und der Engel Gottes. Auch sie beide haben Mittlerfunktion. Allein die Eselin kann den Engel, der sich ihnen mit gezücktem Schwert in den Weg stellt, sehen. Durch die Eselin gibt Gott Bileam zu verstehen, dass Fluch und Segen allein in seiner Hand liegen. Die sprechende Eselin und der Engel mit dem gezückten Schwert sind sicher besonders spannend, erleichtern aber auch den Vergleich mit einigen Comic- und Filmhelden (z. B. »Shrek«).

Liturgische Gestaltung

Zusammenkommen – sich Gott zuwenden

Begleitung erfahren, sich aufrichten und sich führen lassen – dies können wir, wenn wir auch klagen und fragen können. So beten wir ein Psalmgebet nach Psalm 22.

Alle: **Mein Gott, ich bin allein, denkst Du an mich?**
Eine(r): Gott, hörst Du mich? Ich rufe, aber Du antwortest nicht.
Alle: **Mein Gott, ich bin allein, denkst Du an mich?**
Eine(r): Gott, mein Rufen wird lauter, doch niemand hört mir zu.
Alle: **Mein Gott, ich bin allein, denkst Du an mich?**
Eine(r): Gott, ich wende mich zu Dir. Komm und hilf mir!
Alle (singen): **Aus vollem Herzen singen wir ...**

Lied: *Aus vollem Herzen singen wir*, aus: Reinhard Horn u.a.: Kinder-Kirchen-Hits, Lippstadt 2008

Hören – Antworten

Wo sind heute Gottes Boten? Können wir Gottes Boten sein?
Wir überlegen, welche Menschen von uns Hilfe, Begleitung und Trost bekommen können. Sie werden mit Namen genannt; dann wird eine Kerze für sie angezündet und auf dem Altar oder in einer gestalteten Mitte abgestellt. Als Antwort singen wir:

»Ich will bei euch wohnen«

2. Ich will bei euch bleiben; ihr sollt zu Hause sein. Den Hass, die Angst vertreiben und in der Liebe bleiben – es wird ein Segen sein.
3. Ich will mit euch leben; ihr sollt zu Hause sein und allen Frieden geben – so glückt uns unser Leben; es wird ein Segen sein.
4. Ich will bei euch wohnen; ihr sollt zu Hause sein. Das Leben wird sich lohnen, wenn wir zusammen wohnen. Es wird ein Segen sein.

Text und Melodie: Fritz Baltruweit. Aus: Ders.: Meine Lieder, 1996, © tvd-Verlag, Düsseldorf

Oder: **Mitten unter uns will Gott wohnen,** aus: Reinhard Horn u.a.: Kinder-Kirchen-Hits, Lippstadt 2008

Kurzgeschichte

Ein ganz normaler Tag

Zum Gespräch über die Frage »Was ist eigentlich ein Segen« kann diese Geschichte gelesen werden.

Eigentlich war es ein ganz normaler Schultag. Philipp war wie immer um 6.30 Uhr von Papa geweckt worden. Er war dann sofort aus dem Bett gesprungen. Auch wie immer. Er war ins Bad gegangen, hatte sich angezogen und dann gefrühstückt. Seine Schwester Sabine war nach ihm aufgestanden. Auch wie immer. Dabei hätte sie heute doch eher wach werden müssen. Denn schließlich hatte sie doch Geburtstag! Mama, Papa und Philipp hatten die Kerzen auf dem Geburtstagskranz angezündet und »Viel Glück und viel Segen« gesungen. Sabine schaute dabei noch richtig verschlafen aus. Nach den Glückwünschen begann sie ihre Geschenke auszupacken. Philipp ging dies alles viel zu langsam. Er wollte doch gern wissen, was in den kleinen Geschenkpäckchen war. Dann hörte Sabine auch noch damit auf, schaute Papa an und fragte: »Was ist denn eigentlich Segen?« Papa begann etwas zu erzählen. Philipp hörte nicht richtig zu, sondern schaute auf seine Schwester. Er hätte das viel einfacher sagen können. Und vor allem kürzer! Im Kindergottesdienst gab es am Ende immer einen Segen. Damit war dann auch der Kindergottesdienst aus.

Zum Glück wickelte Sabine dann weiter ihre Geschenke aus. Es war doch so spannend! Philipp hatte nicht mehr viel Zeit, denn in einer halben Stunde musste er in der Schule sein. Der Weg dorthin war weit. Und er wollte doch vorher alles gesehen haben. Konnte Sabine sich nicht etwas beeilen? Mama hatte schließlich schon zum zweiten Mal gerufen: »Philipp, beeil dich! Du musst losgehen, wenn du nicht zu spät kommen willst.«

Endlich war Sabine fertig. Die Pirateninsel, die sie sich – und auch er ein bisschen – gewünscht hatte, war nicht dabei. Total schade! »Philipp, jetzt musst du wirklich los!« Er zuckte zusammen. Musste Mama ihn auch so erschrecken?! Na, gut. Er hatte wirklich nicht mehr viel Zeit. In der Tür gab Mama ihm einen Kuss und sagte: »Pass gut auf dich auf, mein Großer!« Auch wie immer. Er war doch schon ein großer Junge. Was sollte das dann?

Philipp ging, nein, heute lief er die Lindenallee entlang, bog in die Mozart-Straße ein und ging über die Kreuzung. Gleich war er in der Schule. Philipp zuckte zusammen, als er die Bremsen quietschen hörte. Das Taxi kam neben ihm zum Stehen. Der Fahrer sprang heraus. Er schimpfte ganz fürchterlich mit Philipp. Philipp sah das Ganze wie in einem Film an. Er war doch schon oft über diese Kreuzung gegangen – eigentlich jeden Tag. Sein Herz klopfte ganz laut. Er entschuldigte sich. Der Taxifahrer hatte sich mittlerweile auch etwas beruhigt und meinte nur noch: »Nächstes Mal machst du aber deine Augen auf, junger Mann!«

Als Philipp in das Schulgebäude ging, zitterten ihm immer noch die Knie. Auf einmal hörte er wieder Mama, wie sie gesagt hatte: »Pass gut auf dich auf, mein Großer!« Eigenartig! Das sagte sie doch jeden Tag, wenn er aus dem Haus ging. Als er die Treppe zu seinem Klassenzimmer hoch lief, fiel ihm auch noch die Frage »Was ist eigentlich Segen?« von Sabine ein. Komisch, so viel ging ihm heute im Kopf herum. Dabei war es doch ein ganz normaler Tag!

Doris Dirwald

Segen erfahren

- *Kopierte Kärtchen mit verschiedenen Segensworten*
- *Creme mit Lavendel- oder Zitronengrasöl in einem schönen Tiegel (Die Creme kann günstig in der Apotheke hergestellt werden.)*

Wir lernen verschiedene Segensworte kennen.
Diese Worte wurden auch auf kleine Kärtchen kopiert und liegen in einer Schale auf dem Altar bereit. In jedem Gottesdienst dürfen die Kinder sich ein Kärtchen aus der Schale nehmen. Das Segenswort wird verlesen. Dann wird es mit einer wohltuenden Geste an den Nachbarn »weitergegeben«: Eine gut riechende Creme wird dazu auf die Stirn oder den Handrücken gestrichen. Zum Abschluss singen wir:

»Gott braucht Menschen, die ihm dienen.«

Texte und Melodie: Gerhard Engelsberger, © beim Autor

Bileam und seine Eselin

- *großer Bileam und große Eselin aus Sperrholz oder Pappe*
- *kleiner Bileam und kleine Eselin auf festen Karton kopiert*

Zeichnung: Doris Dirwald

Bileam und seine Eselin überlegen, weshalb nur die Eselin den Engel gesehen hat. Konnte oder wollte Bileam den Engel nicht sehen?

Wie können wir für andere ein Segen sein? Gutes reden und wünschen, Traurige in die Arme nehmen, Unsichere begleiten, Lasten abnehmen, Freude und Trauer teilen, Gemeinschaft mit Einsamen suchen, ...
Die Kinder überlegen, was für sie am Schönsten oder Wichtigsten ist. Dies schreiben oder malen sie auf ihre »Bileam-und-Eselin-Karte«. Die Karte wird abgelegt und nach dem Segen des letzten Gottesdienstes mitgenommen und kann verschenkt werden.

Stichworte:
Bileam, Segen, Fluch, Esel, Engel, Bewahrung, Auftrag

Doris Dirwald

Lobe den Herrn, meine Seele – (Einfach wunderbar!)
Staunen und sich freuen in der Schöpfung

16.09.2012
(15. Sonntag nach Trinitatis)
Gott sorgt für mich
(1 Mose 2,4b-25)

23.09.2012
(16. Sonntag nach Trinitatis)
Gott plant für alle
(1 Mose 1–2,4b)

30.09.2012
(17. Sonntag nach Trinitatis)
Gott sei Dank!
(Psalm 104)

Lobe den Herrn, meine Seele. Wir sind eingeladen, ein Loblied auf Gott und seine Schöpfung zu singen, zu der auch wir Menschen gehören. In 1 Mose 2,4b-25 erfahren wir in der Paradies-Geschichte, wie Gott den ersten Menschen erschafft und ihn in den Garten Eden setzt, wo er alles findet, was er zum Leben braucht. »Es werde!« Mit diesen Worten beginnt die Schöpfung in 1 Mose 1–2,4b. Gott spricht: »Es werde!« Das Wunder Leben beginnt. Über Gottes Schöpfung können wir richtig staunen: Wussten Sie, wusstet ihr, dass es auf der Erde allein ungefähr zehntausend Billionen Ameisen gibt? 9500 verschiedene Arten Ameisen sind heute bekannt. Sie sind ein wunderbarer Teil der Schöpfung, der oft achtlos zertreten wird. Die Kinder sollen das sorgfältige Schöpfungshandeln Gottes kennenlernen. Sie sollen sich daran freuen und von Herzen in das Lob Gottes einstimmen können. Besonders ältere Kinder sehen die biblischen Schöpfungsgeschichten oft schon recht kritisch. Sie fragen danach, in welchem Verhältnis die biblischen Schöpfungsgeschichten zur Theorie von der Entstehung der Welt durch den sogenannten »Urknall« stehen. Eine Antwort auf diese Frage versucht die Kurzgeschichte zu geben. Die Reihe ist für einen wöchentlich stattfindenden Kindergottesdienst geplant, an deren Ende ein »Gottesdienst für alle« am Erntedankfest steht, in dessen Mitte das Danken steht. Die unter »Kreative Ideen« beschriebenen Bausteine 1+2 können auch in einer monatlich stattfindenden Kinderkirche, die in einem Zeitrahmen von ca. drei Stunden stattfindet, genutzt werden.

Liturgische Gestaltung

Zusammenkommen – sich Gott zuwenden

Psalm 104 soll an allen drei Sonntagen gemeinsam gebetet werden. Er lädt zum Lob des Schöpfers und der Schöpfung ein.

Lob der Schöpfung (Psalm 104,1.10–31 i. A.)

Lobe den Herrn, meine Seele! Halleluja!

Du, Gott, lässt frisches Wasser aus den Quellen sprudeln.
Alles, was lebt, kann seinen Durst stillen:
Die Tiere des Feldes, das Wild, die Vögel.

Lobe den Herrn, meine Seele! Halleluja!

Du, Gott, lässt es regnen.
Früchte, Gras und Getreide können wachsen.
Tiere und Menschen haben zu essen und können sich daran freuen.

Lobe den Herrn, meine Seele! Halleluja!

Du hast Sonne und Mond gemacht,
Tag und Nacht und den Jahreslauf eingeteilt.
Alles, was lebt, hat seinen Rhythmus.
Wir sind tagsüber munter und ruhen in der Nacht.

Lobe den Herrn, meine Seele! Halleluja!

Herr, unser Gott, wie sind Deine Werke so groß und so viel!
Du hast sie alle weise geordnet,
und die Erde ist voll Deiner Güter!

Lobe den Herrn, meine Seele! Halleluja!

Alle warten darauf,
dass Du ihnen zur richtigen Zeit gibst, was sie brauchen!
Aber wenn Du nicht bei ihnen bist, haben sie keine Zukunft!

Lobe den Herrn, meine Seele! Halleluja!

Von Dir, Gott, kommt das Lebendige!
Du machst alles neu!
Die Herrlichkeit des Herrn bleibe ewiglich,
der Herr freue sich seiner Werke!

Lobe den Herrn, meine Seele! Halleluja!
Amen.

Elke Stöve-Hahn, aus: Dir kann ich alles sagen, Gott.
Psalmenübertragungen nicht nur für Kinder, hg. v. Rheinischer Verband für Kindergottesdienst, 2007. S. 103f.

Hören – Antworten

Lied: Ich schlage vor, an den ersten beiden Sonntagen der Reihe von EG 508 »Wir pflügen und wir streuen« anstatt der im EG abgedruckten ersten Strophe die alternative Strophe 1 zu singen. Dann hat man ein wunderbares Loblied auf die Schöpfung, mit einem Refrain, der auch von kleineren Kindern mitgesungen werden kann.

Im Anfang war's auf Erden noch finster, wüst und leer;
Und sollt was sein und werden, musst es woanders her.
So ist es zugegangen im Anfang, als Gott sprach;
Und wie es angefangen, so geht's noch diesen Tag.
Alle gute Gabe kommt her von Gott, dem Herrn,
drum dankt ihm, dankt, drum dankt ihm, dankt,
und hofft auf ihn.

Alternativer Text der Strophe 1 von »Wir pflügen und wir streuen« gefunden in EG, Ausgabe Rheinland – Westfalen – Lippe, 1996. Nr. 508

Kurzgeschichte

Das folgende Handpuppenspiel ist als Anspiel für einen »Gottesdienst für alle« am Erntedankfest gedacht. Es beantwortet die Frage, was Gott überhaupt mit dem Erntedankfest zu tun hat, warum Gott Dank gebührt. Darüber hinaus nimmt das Anspiel die wissenschaftliche Theorie von der zufälligen Entstehung der Welt durch einen Urknall auf und verbindet sie mit dem Gedanken, dass Gott auch der Schöpfer des Urknalls ist, wenn es den Urknall tatsächlich gegeben hat.

H = Menschliche Handpuppe, **M** = Mensch (Mitarbeiter/Mitarbeiterin/Pfarrer/Pfarrerin)

H: *(nimmt einen Apfel in die Hand schaut ihn an)* Danke, Apfel! *(legt den Apfel zurück, nimmt eine Kartoffel, schaut sie an)* Danke, Kartoffel! *(legt die Kartoffel zurück, nimmt eine Getreideähre, schaut sie an)* Danke, Getreide! *(legt die Ähre zurück, nimmt einen Kopfsalat, schaut ihn an)* Danke, Salat!
M: Kannst du mir mal sagen, was du da machst?
H: *(legt den Salat zurück)* Ich sage der Ernte Dank! Heute ist doch Erntedankfest oder etwa nicht?
M: Ja, schon, aber ...
H: Darum sage ich der Ernte Dank! Danke, den Äpfeln, den Pflaumen, den Kartoffeln, dem Kohl, dem Salat, den ...
M: Stopp! Wir feiern nicht das Erntedankfest, um der Ernte zu danken.
H: Warum feiern wir dann?
M: Wir feiern das Erntedankfest, um Gott für die Äpfel, die Kartoffeln und das Getreide zu danken.
H: Was hat denn Gott damit zu tun? Die Äpfel wachsen auf dem Baum. Die Kartoffeln in der Erde. Das Getreide auf dem Feld.
M: Das stimmt! Aber wer lässt denn alles wachsen, wer schickt den Regen und die Sonne?
H: Das macht alles die Natur.

M: Und wer hat die Natur gemacht?

H: Das war der Urknall.

M: Was weißt du denn über den Urknall?

H: Ich weiß alles von meinem Bruder. Er hat mir erzählt: Vor vielen Milliarden Jahren gab es kein Weltall, keine Sonne, keine Erde und auch keine Menschen. Die gesamte Materie war zu einem dichten kleinen Klumpen zusammengeballt. In einer unvorstellbaren Explosion dehnte sich dieser Klumpen auf eine riesige Größe aus. Am Anfang war alles nur eine heiße Masse, die sich dann langsam abkühlte. Mit der Zeit bildeten sich Sterne und dann Planeten. Auch die Erde entstand. Und Millionen von Jahren später begann das Leben auf der Erde.

M: Das klingt auf den ersten Blick ganz logisch. Aber wer hat den Urknall erzeugt?

H: Das habe ich mich auch schon gefragt.

M: Ich erzähle dir jetzt eine Geschichte von der Entstehung der Welt.

H: Aber nicht die, wo die Schöpfung sieben Tage gedauert hat oder Adam und Eva im Paradies vorkommen, die kenne ich nämlich schon.

M: In der Geschichte, die ich dir erzähle, kommt auch ein lauter Knall vor.

H: Fang schon an!

M: »Es war einmal ein Nichts und Gott. Gott fand sein Nichts langweilig, denn er musste es bewachen. Doch es gab gar nichts zu bewachen. Gott wollte etwas schützen, heilen und segnen. Er überlegte und überlegte und schließlich griff er in die Zukunft und pflückte einen Grashalm aus der Zukunft. Gott betrachtete ihn skeptisch; dann knetete, faltete und segnete er ihn und schnipste ihn fort. Mit einem lauten Knall flog er in das Nichts und explodierte. Damit hatte Gott das Feuer. Das Feuer wurde zur Lava und erlosch langsam. Gott pustete kräftig und das glühende Gestein zerlegte sich in viele schöne Kugeln. Gott freute sich, denn eine Kugel war genau richtig für seinen Plan. Er segnete sie und machte sie zur schönsten Kugel von allen. Sofort bildeten sich Wasser, Gras und andere Pflanzen, Tiere und Menschen. Eilig segnete er die anderen Kugeln und gab einigen die Kraft zum Leuchten. Der größten Kugel gab er sehr viel Licht, damit er seine Lieblingskugel auch gut sehen konnte. Ansonsten machte er die anderen Kugeln »langweilig«, denn mit seiner Lieblingskugel, der Erde, hatte und hat er ja genug zu tun.«

(Anna Christina Overbeck, 10 Jahre, in: Rainer Oberthür, Neles Tagebuch, © Kösel-Verlag in der Verlagsgruppe Random House GmbH, München 2006, S. 62)

H: Du meinst, wenn es den Urknall wirklich gegeben hat, dann hat Gott ihn gemacht?

M: Ganz genau! Ich kann nämlich nicht glauben, dass du und ich, die Pflanzen und Tiere, die Erde, auf der wir leben, zufällig durch einen Urknall entstanden sind, der vor vielen Milliarden Jahren stattgefunden hat. Ich finde, die Erschaffung der Erde, die Schöpfung von Pflanzen, Tieren und uns Menschen war Gottes beste Idee.

H: Das finde ich auch!

M: Siehst du, darum feiern wir heute Erntedankfest. Wir sagen Gott: »Danke!« für ...

H: ... die Äpfel, die Kartoffeln, das Getreide und den Salat.

M: Wir danken Gott dafür, dass er uns geschaffen und uns lieb hat.

H: Gott sei Dank! Für die wunderbare Erde, auf der wir leben. Für meine Familie. Gott sei Dank! Für meinen Dackel Seppel. Für die Rosen im Garten. Für die Elefanten in Afrika. Gott sei Dank! Mir fällt noch so viel ein, wofür ich Gott danken kann. Ich kann mit Danken gar nicht mehr aufhören, so schön hat Gott alles gemacht.

Kreative Ideen

Die Schöpfung Gottes war ein kreativer Akt. Darum sollen auch die Kinder schöpferisch tätig werden. Am 1. Sonntag legen sie einen Küchenkräutergarten in einem Schuhkarton an. Sie pflanzen einen Garten. Sie nehmen Erde in die Hand. Sie säen aus. Sie gießen. Sie staunen über das Wachsen der Saat. Sie ernten. Sie essen. Am 2. Sonntag kneten und formen die Kinder Tiere und setzen sie in ihren Garten. Durch das Pflanzen des Gartens und das Kneten der Tiere erleben die Kinder das Wunder der Schöpfung mit Herzen, Mund und Händen. Am 3. Sonntag (»Erntedankfest«) werden die Gärten und Tiere in der Kirche ausgestellt. Die wachsende Saat findet ihren Platz neben den geernteten Früchten. Säen und Ernten gehören zusammen. Es wird deutlich, wie gut Gott alles geschaffen hat.

Baustein 1: Küchenkräutergarten im Schuhkarton

Jedes Kind erhält einen **Schuhkarton**. In den Schuhkarton wird eine im Haushalt gebräuchliche **Mülltüte** gestülpt. (Die Tüte ist notwendig, damit die Saat und später die Kräuter gegossen werden können.) **Erde** wird in den Karton gefüllt. Nach oben mindestens 5 cm Rand lassen, damit die Knettiere (**Baustein 2**) sicher im Karton stehen können. Die Erde wird angefeuchtet. Mit **Vogelsand** werden vier »Beete« auf der Erde markiert. Das **Saatgut** z. B. **Kresse, Dill, Petersilie und eine Zwiebel** wird eingepflanzt und gegossen. Auf kleinen **Schildern** wird notiert, was in den jeweiligen Beeten ausgesät wurde.
Die Schildchen werden an **Zahnstocher** geklebt und ins jeweilige Beet gesteckt.

Foto: Anke Schäfer

Vorlage für das Schild:

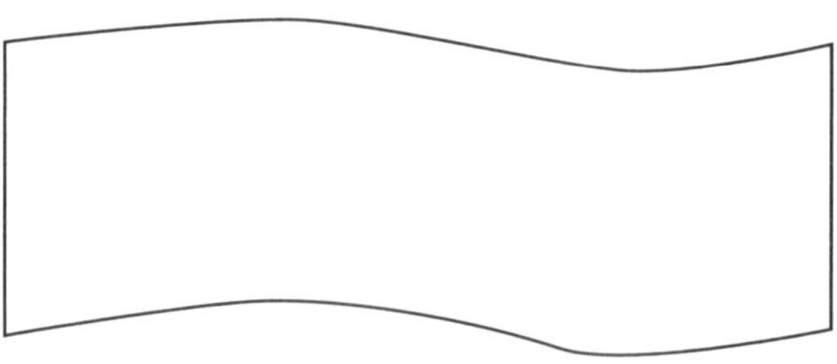

Baustein 2: Kneten und Formen von Tieren

Die Kinder kneten und formen Tiere aus einer **Modelliermasse, die an der Luft härtet** und setzen sie in ihren Küchenkräuter-Garten. Der Fantasie der Kinder bei der Gestaltung der Tiere sind hierbei keine Grenzen gesetzt. Um den Tieren eine bessere Haltbarkeit und Standfestigkeit zu verleihen, empfiehlt es sich, **Zahnstocher** mit Modelliermasse zu ummanteln und als Hälse und Beine zu verwenden.

Baustein 3: Ausstellung der Schuhkartongärten im Gottesdienst am Erntedankfest

Im »Gottesdienst für alle« werden die Küchenkräutergärten im Schuhkarton ausgestellt. Während des Gottesdienstes wird die Gemeinde eingeladen, sich in einer »Museumsrunde« die Gärten und die Tiere der Kinder anzusehen.

Fotos: Anke Schäfer

Stichworte:
Schöpfung, Erntedankfest, Urknall, Garten im Schuhkarton, Knettiere

Anke Schäfer

Gleichnisse nach Matthäus

07.10.2012
(18. Sonntag nach Trinitatis)
Vom Sämann
(Matthäus 13,1–9)

14.10.2012
(19. Sonntag nach Trinitatis)
Vom Sauerteig
(Matthäus 13,33)

21.10.2012
(20. Sonntag nach Trinitatis)
Von der kostbaren Perle
(Matthäus 13,45–46)

28./31.10.2012
(21.Sonntag nach Trinitatis/
Reformationstag)
Vom Hausbau
(Matthäus 7,24–27)

4.11.2012
(22. Sonntag nach Trinitatis)
Vom verlorenen Schaf
(Matthäus 18,12–14)

Jesus erzählt Geschichten über Gott, über sein Reich und seine Liebe zu uns Menschen. Er benutzt dabei Bilder, Situationen und Beispiele aus dem Leben der Menschen zur damaligen Zeit. Einige Gleichnisse zeigen auch, wie wir Menschen diese Liebe Gottes selbst leben und an andere weitergeben können. Das können die Kinder selbst erfahren.

Sie finden hier einige kreative Ideen zu jeder einzelnen Geschichte, die je nach Alter der Kinder ausgesucht werden können.

Ein gemeinsamer liturgischer Anfang und Schluss für alle Kindergottesdienste dieser Einheit runden die Ausführungen ab.

Liturgische Gestaltung

Zusammenkommen – sich Gott zuwenden

Eingangsgebet mit Kehrvers für alle fünf Sonntage
Kehrvers: »*Gottes Liebe ist so wunderbar …*« (Kindergesangbuch Nr. 146,1)

Guter Gott,
es ist Sonntag und wir feiern nun miteinander Kindergottesdienst.
Wir singen und beten und freuen uns auf die neue Geschichte.
Immer wieder erfahren wir von Deiner Liebe, deshalb singen wir heute auch davon:
Gottes Liebe ist so wunderbar …

Manches haben wir in der vergangenen Woche gehört oder erlebt, was nicht immer liebevoll war. Da gibt es Streit, Krieg und Hunger in der Welt.
Zeige Du uns, was wirklich wichtig ist. Deshalb singen wir:
Gottes Liebe ist so wunderbar …
Guter Gott,
lass uns Deine Liebe immer wieder spüren und behüte uns heute und morgen und allezeit.
Amen.

Beate-Michaela Jöst

Sendung – Segen

Wir fassen uns an den Händen, stehen im Kreis um den Altar herum und singen das Lied, sprechen den Segen einander zu (die einzelnen Sätze werden vorgesprochen und von allen wiederholt) und singen nochmals das Lied.

Lied:
Ausgang und Eingang (EG 175)

Segen:
Gott segne und behüte uns. Er segne unser Singen und Springen. Er segne unser Reden und Schweigen. Er segne unser Lachen und Weinen. Er segne uns heute und morgen und immer.

Lied:
Ausgang und Eingang (EG 175)

Kurzgeschichte

Paul und Peter machen heute nach dem Kindergottesdienst einen Ausflug mit ihren Eltern. Mit dem Fahrrad geht es zunächst über Feldwege, sie wollen sich am großen Waldspielplatz mit ihren Freunden treffen. Und für das Picknick hat Mama alles eingepackt. Sie freuen sich auf diesen Nachmittag sehr. Die Jungen radeln voraus. »Wir treffen uns dann oben!«, und schon treten sie in die Pedale.
Doch da sehen sie in der Ferne eine große Schafherde. Die Hunde bellen und treiben die Tiere auf dem Weg voran. »Wo ist denn der Hirte«, fragt Paul. »Kannst du ihn sehen?« »Da vorne, mitten in der Herde, läuft er«, ruft Peter hinüber.
Sie steigen ab und schauen den Tieren zu. »Schau mal, da sind auch ganz kleine Lämmer

dabei, die kommen nur langsam hinterher«, meint Peter. Die Schafe kommen immer näher und bald sind auch sie mitten in der Schafherde drinnen. Die Tiere rennen an ihnen vorbei. »Wir müssen ganz still stehen bleiben, damit die Schafe nicht erschrecken, sonst flüchten sie in die falsche Richtung«, flüstert Paul seinem Bruder zu. Auch die Eltern sind nun von den Rädern abgestiegen und warten am Wegrand bis die Schafe an ihnen vorbeigezogen sind.
Nach einer kleinen Weile geht die Fahrt Richtung Wald weiter. Da hören die Buben plötzlich ein lautes Blöken hinter einem Gebüsch. Sie steigen ab und schauen nach ... da schreit ein Lamm! Es hat sich im Gestrüpp verfangen und hängt fest. Es hat Angst. Ganz langsam nähert sich Paul und redet mit dem Lamm: »Komm, ich helfe dir. Keine Angst!« Da kommen auch schon die Eltern und vorsichtig versuchen sie das Tier zu befreien. »Aua!« Die Dornen pieksen furchtbar. Paul hat sich weh getan. Sein Vater hilft ihm nun und zusammen können sie das Gestrüpp erst einmal auf den Boden treten mit ihren Füßen. Dann erreichen sie das Tier, das sie verschüchtert ansieht. »Wir befreien dich!«, sagt Peter, der nun auch die Dornen wegzieht. Mit einigem Geschick gelingt ihnen miteinander die Befreiung. Vater nimmt das Lamm auf den Arm. Es zittert am ganzen Körper. »Alles wird gut. Jetzt bist du befreit. Wir bringen dich zurück zu deiner Herde.«

Beate-Michaela Jöst

Kreative Ideen

Reich-Gottes-Säckchen: Baumwollstoff 23 cm x 18 cm zuschneiden, die längere Seite in der Mitte falten, Stoff rechts auf rechts legen, Länge und Breite mit der Maschine abnähen und wenden. Mit einem Band zubinden. Mit einem Edding beschriften. Fertige Säckchen kann man auch bestellen (bei: www. Sachenmacher.com, Fühlsäckchen Art. 074483-52, 10 Stück/4,95 Euro).
Symbole für die einzelnen Sonntage darin aufbewahren. (Einige Sonnenblumensamen oder Weizenkörner, 1 Hanuta oder Duplo, 1 Perle oder Perlenkette, 1 Häuschen aus Fimo geformt, 1 Schäfchen gebastelt s.u.)

Fenster mit Fingerfarben im Foyer eines Gemeindehauses gestalten: Die einzelnen Geschichten werden von den Kindern aufgemalt. Erwachsene haben so auch Anteil am KIGO.

1. Sonntag

Eine große Ernte ist zu erwarten, wenn der Samen auf fruchtbaren Boden fällt, so wird sich auch die Liebe Gottes ausbreiten, wenn wir davon weitererzählen.
Blumentöpfe bemalen und *Samen säen* (Kresse wächst schnell und kann bald geerntet werden).

2. Sonntag

Das Kleine, das Unscheinbare wird ganz groß. Jesus ermutigt die Menschen darauf zu vertrauen, dass das Reich Gottes die Welt »durchsäuern« wird.
Wir backen *Brötchen* und setzen den Teig bereits vor dem gemeinsamen Gottesdienst an, damit wir dann am Ende miteinander essen können.
Benötigt wird eine Brotbackmischung oder 500 gr. Mehl, Sauerteig aus dem Reformhaus, 1 Eßl. Salz und Wasser.

3. Sonntag

Das Reich Gottes ist so wertvoll wie eine Perle. Dafür gibt der Kaufmann alles andere auf. Gott begleitet uns im Leben, das ist sehr kostbar.
Wir basteln schöne *Perlen aus Fimo* – backen sie im Ofen und fädeln sie als Kette auf ein Lederband. Und stecken sie zum Aufbewahren in unser »Reich Gottes-Säckchen«.

4. Sonntag

Hier geht es um das Hören und Tun im Reich Gottes. Wer Jesu Wort hört und tut, der baut auf Felsen, nicht auf Sand, der hat ein gutes Fundament für sein »Lebenshaus«.
Wir bauen ein *Haus* (Einraumhaus, Erzählzelt, Erzählhütte, Kinderkirche). Dazu benötigen wir: 4 große Blumentöpfe aus Ton, 4 Holzpfosten (10 cm x 10 cm, 1,7 m lang), 7 Dachlatten (je nach Platz für das Haus, ca. 1,8 bis 2 m), Fertigbeton, Wasserwaage, Schrauben, Tacker mit Füllung, Nessel oder Baumwollstoff für das Dach und die Seitenwände (die Seitenwände könnten auch mit Strohmatten bezogen werden, bessere Standfestigkeit), Strandmatten zum Auslegen des Bodens.
Und so wird es gemacht: in jeden Topf einen Holzpfosten stellen und mit Fertigbeton auffüllen. Mit einer Wasserwaage die Pfosten senkrecht ausrichten. Das sollte zwei bis drei Tage vor dem KIGO gerichtet werden, damit die Säulen des Hauses stehen. Mit den größeren Kindern dann die Dachlatten anschrauben und mit Stoff das Haus bespannen (siehe Skizze, Lattenkonstruktion).

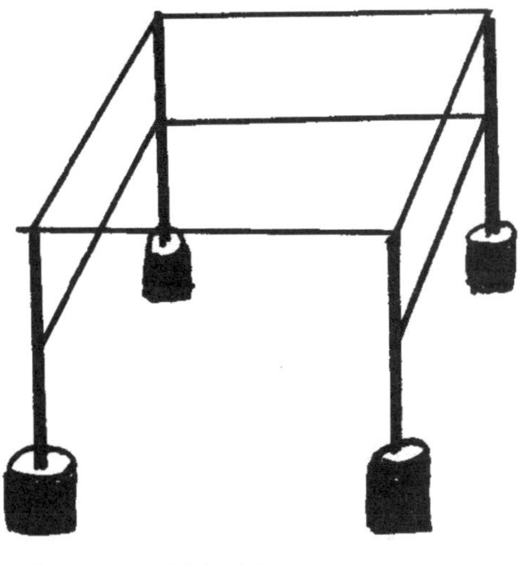

Zeichnung: Beate-Michaela Jöst

Palästinahäuser aus Papier mit den Kindern bemalen, ausschneiden und zusammenkleben. (siehe Skizze)

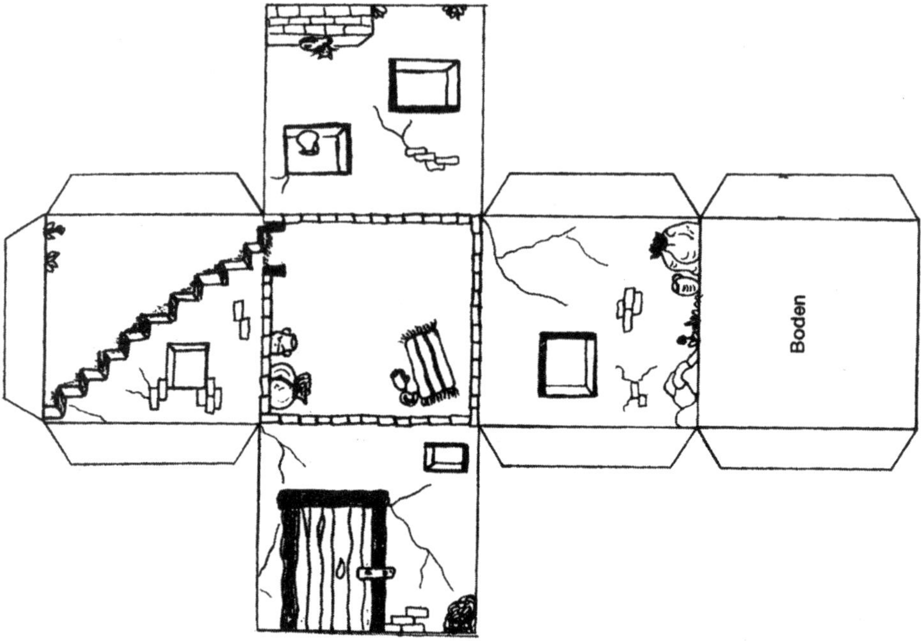

Haus aus Fimo formen, backen und als Erinnerungsstück in das »Reich Gottes-Säckchen« packen.

5. Sonntag

Der Hirte sucht sein verlorenes Tier. Auch die Kinder sollen die suchende Liebe Gottes erfahren.

Schafralley mit kleiner Schafkunde als Würfelspiel spielen – auch für jüngere Kinder geeignet:

Ereignisfelder:

1: Die Schafe sind im Winter im Stall. Sie müssen mit Heu und Kraftfutter gefüttert werden. Auch das Ausmisten benötigt Zeit, denn neues Stroh muss noch auf dem Boden ausgelegt werden. Du darfst helfen. (1 x aussetzen)

2: Es ist Frühling. Heute wurde ein Lamm geboren. Die Schafmutter erkennt ihr Lamm am Geruch ein Leben lang – und das Lamm findet seine »Mama« durch deren Blöken auch ein Leben lang. Du verweilst gerne im Stall und beobachtest die beiden. (2 x aussetzen)

3: Die Tiere werden auf den Deich gebracht. Das dauert, nur langsam geht's voran. (Ziehe die nächsten 3 Felder mit einer 1 weiter)

4: Es regnet. Das schadet den Tieren aber nicht. Ihr Fell ist fettig und schützt sie, sie werden nicht nass. Sie laufen weiter. (ziehe 3 Felder vor)

5: Die Tiere grasen auf dem Deich. Sie befestigen aber auch das Land durch ihr Hin- und Herziehen. Das freut den Bauern. (ziehe 1 Feld vor)

6: Da kommen Kinder angerannt und wollen die Schafe streicheln. Aber Schafe sind Fluchttiere, sie rennen alle weg. (gehe 5 Felder zurück)

7: Schafe sind Herdentiere, deshalb schlafen sie alle eng aneinander liegend in der Nacht. (1 x aussetzen)

8: Ein Tier hat sich am Gatter verletzt. Die Wunde heilt rasch ohne Verband, denn das Schaf hat quasi ein »Pflaster von innen«. (1 Feld vorziehen)

9: Hast du gewusst, dass Schafe schwimmen können? (1 Feld vorziehen)

10: Hurra, du bist fast am Ziel. Nun hast Du viel über Schafe gelernt! (zum Ziel vorziehen)

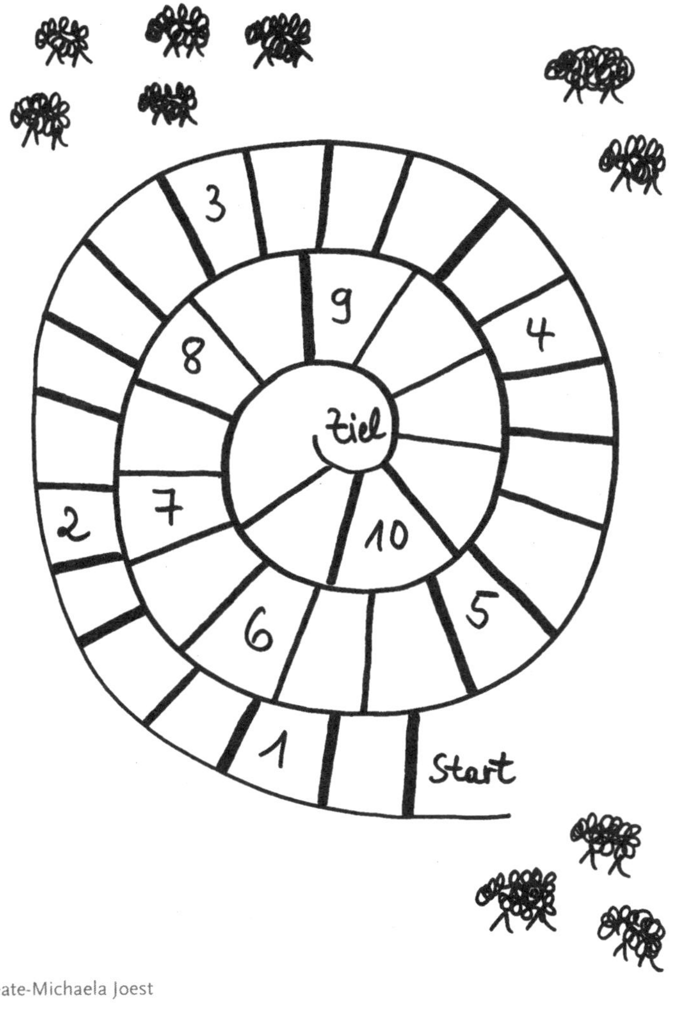

Zeichnung: Beate-Michaela Joest

Schafe aus Tonkarton und Märchenwolle basteln:

Benötigt werden: hellbrauner Tonkarton, Schablonen (Skizze), Klebstoff, Märchenwolle natur oder braun, schwarzer Edding fürs Gesicht.
Und so wird es gemacht: Schablonen aufzeichnen und ausschneiden. Die beiden Körper aneinanderkleben, die Beine auseinanderknicken, damit das Schäfchen steht, mit Wolle bekleben, obere Kante der Ohren umknicken und ankleben, das Gesicht aufmalen.

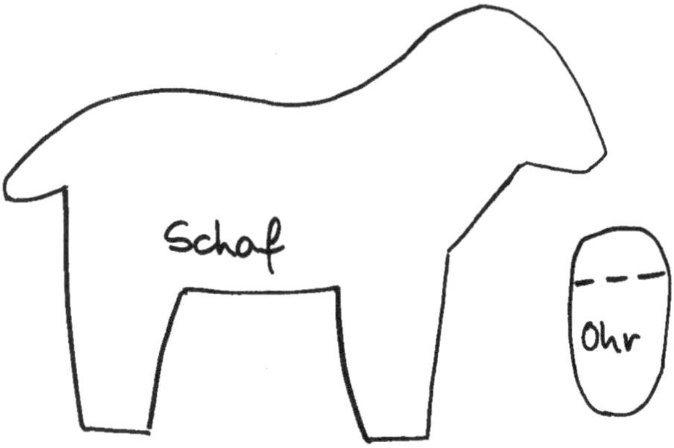

Zeichnung: Beate-Michaela Jöst

Diese Bastelei ist auch für jüngere Kinder geeignet.

Schafe filzen:

Material: Märchenwolle, flüssige Olivenölseife für das Nassfilzen, Trockenfilznadel, Wolllocken (alles kann bestellt werden bei: www. Sachenmacher.com), kleine Schüsseln je nach Anzahl der Kinder, Autofußmatten aus Gummi (Bauhaus), Eimer mit Wasser, Nagelschere, kleine Gummibänder zum Abbinden des Kopfes.
Anfertigen: Zuerst muss die Seife mit Wasser verdünnt und erwärmt werden, denn nur mit warmer Seifenlauge klappt das Filzen. Immer wieder in die einzelnen Schüsseln warme Seifenlauge nachgießen.
Die Märchenwolle in kleine Stränge von 10 cm Länge vor sich legen. Nun einen Strang anfeuchten und um zwei Finger wickeln. Einen weiteren nassen Strang quer über den ersten legen und immer so weiter ... bis eine Kugel entsteht (Größe: Tennisball). Nun diese Kugel auf der Gummimatte rollen, damit verfilzt die Wolle nochmals fest. Dann die Kugel zu einer Rolle auf der Matte hin- und herrollen, ein Viertel dieser Rolle mit einem Gummiband abbinden (Kopf), das Schaf im Wasser auswaschen und gut ausdrücken. Kleine Ohren mit einer Nagelschere einschneiden und nach außen biegen. Augen aus wenig Wolle in anderer Farbe formen und mit der Trockenfilznadel aufstecken. Auch einzelne Wolllocken können noch mit dieser Nadel leicht am Körper angebracht werden.

Stichworte:
Liebe Gottes, Reich Gottes

Beate-Michaela Jöst

Ein Licht scheint in der Finsternis

11.11.2012
(Drittletzter Sonntag im Kirchenjahr)
Ein Licht für die Armen –
Martin von Tours
(Matthäus 5,14–16)

18.11.2012
(Vorletzter Sonntag im Kirchenjahr)
Ein Licht für den Frieden –
Marin von Tours
(Matthäus 5,9)

25.11.2011
(Ewigkeitssonntag)
Ein Licht für die Toten
(Matthäus 28,16–20)

Die Legende vom Heiligen Martin hat das Teilen zum Thema. Martin teilt den Mantel und nimmt damit Anteil an der Not des frierenden Bettlers. Man kann so vieles im Leben mit anderen teilen. Man kann abgeben und die an unserem Wohlstand teilhaben lassen, die zu wenig haben. Man kann Freude teilen und anderen damit Freude machen. Man kann Sorgen und Probleme teilen und an die Menschen denken, die von Krieg und Streit getroffen und bedroht sind. Man kann die Erinnerung an Menschen, die verstorben sind und mit uns verbunden waren, teilen.
Ein Zeichen für die gute Tat des Heiligen Martins ist das Licht der Martinslaterne. Das Licht, das wir weitergeben, ist ein Symbol für die Freude, die Anteilnahme, die Erinnerung, die wir mit anderen teilen können.
Die Kurzgeschichte passt zum ersten Sonntag über Martin von Tours. Die Aktionen können an den drei Sonntagen stattfinden. Man kann aber auch nur eine der Aktionen ausführen.

Liturgische Gestaltung

Zusammenkommen – sich Gott zuwenden

Ein Bekenntnis nach Matthäus 28,18–20

Christus, Du hast alle Macht im Himmel und auf Erden.
Alle Menschen sind in Deiner Hand.
Du liebst uns und machst unser Leben gut.

Wir wollen zu Dir gehören.
Wir wollen hören, was Du uns zu sagen hast.
Wir wollen Dir folgen. Du weißt einen guten Weg für uns.

Wir sind getauft.
Du sagst Ja zu uns.

Du hast uns bei unserem Namen gerufen.
Du willst für uns wie ein guter Vater, wie eine gute Mutter sein.

Du bist bei uns alle Tage, solange wir leben und solange die Welt besteht.
Wir gehören immer zu Dir.
Auch der Tod kann uns nicht von Dir trennen.

Kurzgeschichte

Der Martinslichterbaum

»Silvia, möchtest du in diesem Jahr den Heiligen Martin spielen?«
Silvia und ihre Reitlehrerin Annette sitzen auf ihren Pferden und reiten über die Felder.
»Was muss ich da tun?«, fragt Silvia. »Das ist ganz einfach. Du wirst als römischer Soldat verkleidet. Du trägst eine Soldatenuniform und einen Soldatenmantel und einen Helm auf dem Kopf. Dann reitest du auf den Kirchplatz. Da sind viele Kinder versammelt. Und dann teilst du den Mantel wie der Heilige Martin es gemacht hat. Du teilst den Mantel mit dem Schwert. Du musst nur so tun. Der Martinsmantel besteht aus zwei Stoffteilen, die sind mit einem Klettverschluss zusammengehalten. Du gibst dann die eine Hälfte dem Bettler.«
Am nächsten Morgen erzählt Silvia ihrer besten Freundin Sabine, dass sie den Heiligen Martin spielen soll. Sabine lacht: »Du wirst dich ganz schön blamieren. Ich stell mir vor, wie du aussiehst im Soldatenmantel und mit goldenem Helm!«
»Du bist doch nur neidisch!«, gibt Silvia zurück. »Bin ich gar nicht«, sagt Sabine. »Meinst du, ich bin so blöd und schmeiße einem Bettler einen Stofffetzen vor die Füße. Was soll denn das ganze Theater? So ein Bettler will doch keinen halben Mantel. Der will 'nen Euro, damit er sich Bier kaufen kann.«
Silvia hat am Abend vorher die Martinsgeschichte im Lesebuch gelesen. Sie kennt sich aus und erwidert: »Das Spiel mit dem Bettler ist doch nur eine Erinnerung an den Heiligen Martin. Der hat vor vielen hundert Jahren gelebt und war später Bischof in Frankreich. Der hat damals einem Bettler, der wirklich gefroren hat, seinen halben Mantel geschenkt. Dabei war er ein hoher Offizier. Das war wirklich eine Tat der Nächstenliebe, so steht es im Lesebuch.«
»Und wenn du jetzt heute den künstlichen Mantel mit dem Klettbandverschluss teilst, meinst du, dann hast du damit irgendeinem armen Menschen geholfen?«
Diese Antwort gibt Silvia zu denken. Das Gespräch geht noch lange weiter. Am Ende sind Silvia und Sabine wieder die besten Freundinnen und haben eine tolle Aktion ins Leben gerufen. Annette hat ihnen mit geholfen und die Kinder der Kinderkirche.
Am Anfang stand die Frage: Wer ist denn heute arm dran? Sie merken bald, dass es in ihrem Ort niemanden gibt, der so wenig Geld hat, dass er sich keinen Mantel leisten kann. Sabine erinnert sich aber an einen Besuch im Altersheim, den sie mit der Kinder-

kirche gemacht hat. Da hat eine Frau zu ihr gesagt: »Wer alt ist, ist arm dran.« Natürlich gibt es im Pflegeheim genug zu essen. Niemand muss frieren. Aber für viele Menschen ist das Alter ein schwerer Lebensabschnitt, weil sie schwach sind und Hilfe brauchen, weil sie viele Freunde und Angehörige verloren haben und einsam sind. Die alten Menschen im Heim brauchen keinen halben Mantel, aber man müsste mit ihnen Freude teilen. Silvia fällt ein, dass sie vor vielen Jahren im Kindergarten eine Martinslaterne gebastelt haben. »Weißt du, Sabine, so was könnte man doch auch im Altersheim machen. Wir basteln Laternen und gehen nach dem Martinsumzug mit unseren Lichtern ins Pflegeheim. Da machen wir eine Freude, wie es Martin gemacht hat.« Die Kinderkirchenkinder sind von der Idee begeistert. Sie treffen sich zu einem Bastelnachmittag. Sie haben viele kleine Gläschen gesammelt. Sie basteln mit Draht einen Henkel. Sie bekleben die Gläser mit buntem Transparentpapier. In das Gläschen stellen sie ein Teelicht. Fertig ist die Laterne.
Der Umzug am Martinstag ist eindrucksvoll. Als Silvia auf ihrem Pferd auf den Marktplatz reitet, stehen schon viele Kinder da. Jedes Kind hat eine bunte Glaslaterne. Dann teilt Silvia den Mantel und wirft den halben Mantel dem Bettler zu. Während sie zurück in den Stall reitet, erzählt der Pfarrer die Martinsgeschichte. Am Schluss sagt er: »Der Heilige Martin ist unser Vorbild. Wir können teilen, was wir haben und denen abgeben, die etwas brauchen. Vielleicht ist es Freude, die wir teilen können. Freude ist ja wie ein Licht im Dunkeln. Wie das Licht dieser Laternen.« Dann machen sich die Kinder der Kinderkirche auf den Weg und gehen mit ihren Laternen zum Pflegeheim. Sie stellen sich vor dem Pflegeheim auf und singen: »Sankt Martin, Sankt Martin, Sankt Martin ritt durch Schnee und Wind ...« Dann nehmen sie die Laternen und hängen sie an den Baum, der vor dem Heim steht. Viele Bewohnerinnen und Bewohner sind durch das Lied neugierig geworden. Sie schauen aus dem Fenstern und sehen den brennenden Lichterbaum. Der sieht wunderschön aus. »Was für eine Überraschung«, sagt ein alter Mann. Und eine alte Frau fügt lachend hinzu: »Bald ist Weihnachten. Der erste Lichterbaum brennt schon.«

Gottfried Mohr

Kreative Ideen

Bastelvorschlag: Die Martinslaterne

Material:

- kleine, leere Gläser (besonders geeignet sind Gläser von Babynahrung)
- Draht (Blumendraht ist geeignet, er kann aber auch etwas stärker sein)
- Teelichte
- Transparentpapier
- Tapetenkleister

Mit dem Draht wird an das Glas ein Henkel angebracht. An diesen Henkel wird ein Haken aus Draht gebunden, mit dem man die Laterne aufhängen kann.
Das Transparentpapier wird in Fetzen gerissen. Das Glas wird mit Tapetenkleister eingestrichen und die Papierfetztzen aufgeklebt.
Das Anbringen des Drahtes ist eher etwas für die Größeren. Die bunte Verzierung können auch die Kleinen vornehmen.
Für den Martinstag brauchen die Kinder Laternenstecken.

Fotos: Gottfried Mohr

Drei Aktionen

Zu diesen drei Aktionen treffen sich die Kinder an drei Nachmittagen bei Einbruch der Dunkelheit.

1. Ein Lichterbaum für die Armen

Wie in der Kurzgeschichte erzählt gehen die Kinder am Martinstag ins Altersheim. Sie stellen sich mit ihren Laternen auf und singen entweder vor dem Haus oder in den Fluren. Das muss natürlich mit der Heimleitung abgesprochen werden. Sie singen ein, zwei Lieder (z. B. Sankt Martin (LJ 354); Ein Licht geht uns auf (LJ 344)). Dann schmücken sie vor dem Haus einen Baum oder Strauch mit den Lichtern. Es kann auch ein Strauß mit Zweigen in einer Bodenvase geschmückt werden. Allerdings ist der Umgang mit offenem Feuer in vielen Pflegeheimen wegen der dementen Bewohnerinnen und Bewohner ein Problem.

2. Ein Lichterbaum für den Frieden

Es wird ein Friedensgebet in der Kirche am Nachmittag nach Einbruch der Dunkelheit gestaltet. Mit den Kindern wird überlegt, wo überall Unfrieden herrscht (Kriegssituationen in der Welt, Konflikte in unserem Land). Für die Menschen, die unter diesen Konflikten leiden, werden die Lichter in den Laternen angezündet und für sie ein Gebet gesprochen. Die Laternen werden an einen Strauß mit Zweigen in einer Bodenvase gehängt. Eindrucksvoll ist es, wenn die Kirche nur von diesen Lichtern am Strauß beleuchtet ist.

Beispiele für Gebete und Lieder:
O Herr, mach mich zu einem Werkzeug Deines Friedens (LJ S. 721)
Um Frieden (LJ S. 723)
Herr, gib uns Deinen Frieden (EG 436 / LJ 247)
Gib uns Frieden, jeden Tag (EG 425 / LJ 236)

3. Ein Licht für die Toten

Am Ewigkeitssonntag besuchen viele Menschen den Friedhof. Wir greifen diese Tradition auf und besuchen mit den Kindern am Spätnachmittag des Totensonntags den Friedhof. Auch bei dieser Aktion wird mit den Laternen ein Baum zum Lichterbaum geschmückt. Vorher sprechen wir mit den Kindern über Menschen, die sie kennen, die auf diesem Friedhof ruhen. Für jede und jeden von ihnen wird ein Licht angezündet und an den Baum gehängt.
Wenn Mitarbeiterinnen und Mitarbeiter oder Kinder vor einem Friedhofsbesuch Scheu haben, kann diese Aktion auch als Andacht in der Kirche gefeiert werden.

Gebet
Guter Gott, auf dem Friedhof denken wir an die Menschen, die nicht mehr unter uns leben. Viele Menschen kennen wir gar nicht. Sie sind schon so lange tot.
Manche kennen wir, sie gehörten zu unserer Familie, sie waren unsere Nachbarn. Wir sind traurig, dass sie nicht mehr bei uns leben. Guter Gott, bei dir sind wir alle geborgen: die Lebenden und die Toten. Von Dir kann uns nichts trennen, nicht einmal der Tod. Schau bitte auf unser Leben und begleite uns jeden Tag. Halte auch die Verstorbenen fest in Deiner Liebe.

Liedvorschläge:
Im Heute und im Morgen (LJ 568)
Meine Zeit steht in Deinen Händen (EG Regionalteile / LJ 596)
Ich steh in meines Herren Hand (EG 374 / LJ 218)

Stichworte:
St. Martin, Freude für die Armen, Frieden, Tod, Friedhof

Gottfried Mohr

Auf dem Weg zum Weihnachtsgeheimnis
Adventstüren öffnen sich

02.12.2012
(1. Advent)
Das Geheimnis der ersten Tür:
Der Adventskranz erzählt von Hoffnung und Licht
(Jesaja 9,1)

09.12.2012
(2. Advent)
Das Geheimnis der zweiten Tür:
Die Musik öffnet zu Lob und Dank
(Lukas 1,46–56)

16.12.2012
(3. Advent)
Das Geheimnis der dritten Tür:
Der Stern zeigt den Weg zum Geheimnis
(Matthäus 2,1–11)

23.12.2012
(4. Advent)
Das Geheimnis der vierten Tür:
Der Engel berichtet von etwas Außergewöhnlichem
(Lukas 2,8–14)

24./25./26.12.2012
(Heiliger Abend/Weihnachten)
Das Geheimnis wird gelüftet:
Das Kind in der Krippe
(Lukas 2,7.16)

Viele Symbole begleiten uns auf dem Weg zum Weihnachtsfest. Ob Adventskranz, Musik, Stern oder Engel – mit ihrer jeweiligen Botschaft bereiten sie uns vor auf das Wunder der Weihnacht, auf die Menschwerdung Gottes. Dabei wird klar: Wir sind nicht im Advent, sondern wir warten auf den Advent. Wir erwarten die Ankunft des Kindes in der Krippe, Jesus Christus.
Diese Bearbeitung möchte mit den Kindern gemeinsam den Weg zum Weihnachtsfest gehen. Auf alle Symbole der Reihe nimmt das Lied »*Tragt in die Welt nun ein Licht*« (EG RT/ LJ 327) Bezug (»*Seht auf des Lichtes Schein*«: Licht des Adventskranzes und Leuchten des Sterns; »Sagt allen: *Fürchtet euch nicht!*«: Frohe Botschaft des Engels; *dieses* wie jedes andere *Lied*: Musik; *Welt/ Groß und Klein/Alte-Kranke-Kinder*: Alle Menschen sind beim Kind in der Krippe willkommen.)
Eine kurze Geschichte nimmt jeweils das Symbol auf, das von den Kindern dann gebastelt wird. Mithilfe dieser Symbole können die Kinder sich dann z.B. im Fürbittengebet einbringen.

Liturgische Gestaltung

Zusammenkommen – sich Gott zuwenden

Psalmgebet nach Psalm 24

Refrain: Öffnet weit die Tore, macht die Türen auf.
Für wen wollen wir sie aufmachen?

Wen erwarten wir?
Um uns herum ist es noch dunkel.
Wir fürchten uns und verlieren manchmal den Blick nach vorn.
Wir warten auf den, der uns das Licht bringt.
Refrain: Öffnet weit die Tore, macht die Türen auf.
Für wen wollen wir sie aufmachen?
Wen erwarten wir?
Unsere Zeit ist sehr laut und hektisch.
Manchmal werden wir von anderen nicht verstanden.
Wir warten auf den, der uns zuhört.
Refrain: Öffnet weit die Tore, macht die Türen auf.
Für wen wollen wir sie aufmachen?
Wen erwarten wir?
Immer noch gibt es Krieg und Gewalt in unserer Welt.
Kinder haben Angst und müssen sich verstecken.
Wir warten auf den, der Frieden in die Welt bringt.
Refrain: Öffnet weit die Tore, macht die Türen auf.
Für wen wollen wir sie aufmachen?
Wen erwarten wir?

Hören – Antworten

Fürbittengebet

Im Fürbittengebet besteht die Möglichkeit, die Kinder selber zu beteiligen.
Dazu können die Kinder z.B. gemeinsam überlegen, wer heute im Dunkeln lebt und ein besonders helles Licht braucht (z.B. bestimmte Personengruppen oder Menschen). Während das Lied »Tragt in die Welt nun ein Licht« gesungen wird, können die Kinder ihre Symbole auf dem Tuch in der Mitte ablegen und an die entsprechenden Menschen denken.

Liedvorschläge:

Lieder, die die unterschiedlichen Symbole aufgreifen:
Adventskranz: Wir sagen euch an den lieben Advent (EG 17/ LJ 26),
Musik: Hört der Engel helle Lieder (EG 54/ LJ 52),
Stern: Stern über Bethlehem (EG RT/ LJ 326),
Engel: Vom Himmel hoch (EG 24/ LJ 32),
Krippe: Ich steh an deiner Krippe hier (EG 37/ LJ 42)

Kurzgeschichten

1. Advent – Ein Adventskranz erzählt

Ich bin ein Adventskranz. Rund und grün bin ich und mit vier Kerzen geschmückt. In der Adventszeit warten alle Kinder auf das Christfest. Aber manchmal kann das Warten, wie ich weiß, unendlich dauern. Immer wieder höre ich Kinder fragen: »Wann ist endlich Weihnachten?« Die armen Kinder können es kaum erwarten, bis sie nun endlich die Geschenke unter dem Weihnachtsbaum auspacken dürfen.
Ich möchte diesen wartenden Kindern besonders helfen, damit sie nicht verzweifeln müssen. Aus diesem Grund werden auch meine Kerzen angezündet. Jede brennende Kerze lässt die Kinder näher an das Weihnachtsfest herankommen und lässt ihr Herz höher schlagen und ihre Augen stärker erstrahlen. Denn mit jeder brennenden Kerze scheine ich heller und rücke das, was sich am Christfest ereignet hat, stärker ins Licht. Je mehr meiner Kerzen brennen, desto kürzer ist es noch bis zum Christfest. Ich als Adventskranz zeige also an, dass das Warten auf das Weihnachtsfest ein Ziel hat. Mit diesem Ziel vor Augen begleite ich die Kinder durch die Adventszeit bis zum Christfest, indem ich sie einlade, auf meines Lichtes Schein zu sehen.

2. Advent – Eine Liednote erzählt

Ich bin eine Musiknote. Ich möchte Kinder zum Singen bringen. Ja, ich weiß, manche Kinder singen nicht gerne. Sie sagen: »Ich kann überhaupt nicht singen!« Ich kann das immer gar nicht glauben. Ich versuche dann den Kindern zu erklären: »Jedes Kind kann singen. Denn für die Kinder gibt es keine falschen Noten, sondern nur andere.« Deshalb sage ich auch: »Es gibt zum Singen immer einen Grund. Manchmal ist der Anlass nicht so schön. Für schwere und traurige Erlebnisse gibt es mich dann in einer Moll-Tonart; für schöne und freudige Ereignisse komme ich in einer Dur-Tonart daher. Einen ganz besonderen Grund zum Singen haben wir in der Advents- und Weihnachtszeit. Zu keiner anderen Jahreszeit wird so viel und so schön gesungen wie im Advent und an Weihnachten. Ich kenne so viele und schöne Advents- und Weihnachtslieder. Wenn ich dann in einem solchen Lied vorkomme, dann möchte ich ganz besonders schön klingen, damit es den Kindern, die es hören, gefällt. Besonders bei einem Advents- und Weihnachtslied wird es mir ganz warm und schwummrig. Es heißt: »Tragt in die Welt nun ein Licht, sagt allen: Fürchtet euch nicht! Gott hat euch lieb, Groß und Klein. Seht auf des Lichtes Schein.«
Es ist so schön, wenn Kinder gerade dieses Lied miteinander singen. Sie singen davon, dass kein Kind sich vor Gott fürchten muss und dass Gott alle Kinder lieb hat.

3. Advent – Ein Stern erzählt

Ich bin ein Stern. Normalerweise stehe ich hoch oben am Himmel. In der Nacht kann ich hell leuchten. Ich leuchte gerne, denn ich weiß, dass manche Kinder in der Nacht ein klein wenig Angst bekommen und sich vor der Dunkelheit fürchten. Denn in der Nacht

können sie den Weg, den sie gehen wollen, nicht sehen. In der Nacht ist alles schwarz. Aber es gibt ja mich und meine Kollegensterne. Wir bringen etwas Licht in die Nacht. Wir Sterne sind so etwas wie Wegweiser am Himmel.
Jedes Jahr in der Advents- und Weihnachtszeit erinnern sich viele Kinder an einen ganz besonderen Stern: den Stern von Bethlehem. Dieser Stern führte einst die Sterndeuter aus dem Morgenland zur Krippe nach Bethlehem. Dieser Stern strahlte einst auch den Hirten auf dem Feld, sodass auch sie den Weg zum Kind finden konnten.
Heute leuchten wir Sterne nicht mehr den Sterndeutern und Hirten. Heute leuchten wir besonders den Kindern, die sich in der Adventszeit zum Stall aufmachen und nach dem Kind in der Krippe suchen. Aber der Weg zum Kind in der Krippe ist heute nicht einfacher geworden. Auch Kinder werden heute in der Advents- und Weihnachtszeit durch die vielen Lichter, die in den Kaufhäusern oder auf den Weihnachtsmärkten brennen, abgelenkt. Diese Lichter laden zum Weihnachtskauf ein und versuchen, aus dem Weihnachtsfest ein Weihnachtsgeschäft zu machen.
Aber das Licht von uns am Himmel ist kostenlos. Mein Licht kann man nicht kaufen, sondern sich nur schenken lassen. Aus diesem Grunde leuchte ich und möchte die Kinder zum Kind in der Krippe führen.

4. Advent – Ein Engel erzählt

Ich bin ein Engel. Viele Kinder finden uns Engel ganz gut und schön. Eines interessiert die Kinder ganz besonders. Sie wollen wissen, ob wir Engel Flügel haben oder nicht. Sie fragen dann die Erwachsenen: »Wie sehen denn die Engel eigentlich aus?« Manche Erwachsene sagen dann etwas, was selbst ich als Engel nicht so recht glauben kann. Aber manche Erwachsene können eine ziemlich schlaue Antwort geben, die auch mir gefällt.
Diese Erwachsenen sagen: »Es kommt bei einem Engel nicht darauf an, wie er aussieht. Wichtig bei einem Engel ist besonders, was man von ihm hört.« – »Stimmt genau!«, sage ich dann. »Denn ich bin als Engel nicht ein Model, sondern ein Bote, ein Bote Gottes. Ich bekomme von Gott einen Auftrag, den Menschen etwas ganz Wichtiges zu sagen. Deshalb begegne ich Menschen, weil ich ihnen etwas von Gott zu verkündigen habe. Das war nämlich auch damals so, als wir von Gott zu den Hirten auf das Feld vor Bethlehem geschickt wurden. Ihnen hatten wir damals von Gott auszurichten: »Fürchtet euch nicht!«
In der Advents- und Weihnachtszeit erinnern wir uns an diese frohe Botschaft. Denn diese frohe Botschaft gilt auch noch heute: Gott schickt auch heute noch Engel mit dieser frohen Botschaft in die Welt. Aber es müssen nicht Engel mit Flügeln sein. Manchmal haben Engel auch nur zwei Beine und zwei Hände ...

Weihnachtsfest – Eine Krippe erzählt

Ich bin eine Krippe. Ich bin ganz aus Holz gezimmert. Normalerweise bin ich ja für Tiere da und diene für sie als Futterkrippe. Menschen legen in mich das hinein, was Tiere zum Leben brauchen. Normalerweise habe ich für Menschen keine Bedeutung. Wie gesagt: Normalerweise ist das so, aber nicht immer. Einmal war das ganz anders. Und in dieser Geschichte spiele ich als Krippe eine wichtige und tragende Rolle. Denn eine solche

Krippe wie ich stand einst auch in dem Stall in Bethlehem, in dem Jesus zur Welt gekommen ist.
Und das Besondere ist, dass das Jesuskind in diese Krippe gelegt wurde. So wurde diese Futterkrippe zur ersten Liegestätte für Gottes Sohn. Nicht ein prunkvoller Palast mit Himmelbett, sondern ein schäbiger Stall mit Krippe wird zum Ort der Geburt von Gottes Sohn. In mir als Krippe liegt das Kind, was Gott den Menschen schenkt: seine Liebe für die Menschen, sein Kind für die Menschen. Und alle Menschen, die das Jesuskind besuchen, treten zu mir heran. Ob es Hirten oder Könige sind: Alle sehen das Kind in mir – in einer Krippe – liegen. Dass das Jesuskind in mir liegt, macht vielen Menschen deutlich, was es heißt, dass Gott Menschenkind wird.

Kreative Ideen

1. Advent – Adventskranz

Benötigtes Material:
grüne Tücher, Tannenzweige, farbigen Papierkarton, gelbe Papierservietten, Klebeband, Buntstifte

Wir gestalten ein Bodenbild.
Aus grünen Tüchern (alternativ oder ergänzend auch Tannenzweige) wird ein Kreis gelegt. Dieser stellt den Kranz dar.
Die Kinder gestalten nun »Kerzen« aus rotem (buntem) Papierkarton (DIN A4 oder DIN A5). Dazu bekommt jedes Kind ein Blatt Karton und kann es auf einer Seite gestalten. Die Kinder können z.B. auf der Kerze festhalten (je nach Alter der Kinder ein Bild oder ein Satz), was ihnen in dunklen Situationen wieder etwas Licht gebracht hat. (Beim Malen evtl. auf etwas Platz für Kleberand achten.) Nun werden die Kartonblätter beliebig (längsformatig, quer, dick, dünn) zu einem Zylinder gerollt und mit Klebestreifen an der Seite zusammengeklebt. Damit die »Kerze« auch brennt, kann man eine »Flamme« andeuten, indem man eine gelbe Papierserviette aufbauscht und in der Hülse anbringt.
Die Kinder können ihre Kerzen schließlich auf dem Kranz abstellen, während sie das Lied LJ 327 singen.

2. Advent – Musik

Benötigtes Material:
großes Tuch, fünf ca. 150 cm lange Schnüre, farbiges (Karton-)Papier, Buntstifte, Scheren

Wir gestalten ein Bodenbild.
Ein großes Tuch wird auf den Boden gelegt. Darüber legt man die fünf Schnüre parallel mit einem Abstand von ca. 5–7 cm in leichten Wellen. Sie stellen Notenlinien dar. Auf

das Papier werden nun Achtelnoten (vgl. Kopiervorlage) gemalt oder sie wurden zuvor darauf kopiert. Diese werden von den Kindern ausgeschnitten. Je nach Alter können die Kinder nun in den Notenbauch schreiben oder malen, welchen Personengruppen sie das Lied LJ 327 singen können. Während sie das Lied ggf. um neue Strophen erweitert singen, werden die Noten auf die Notenlinien am Boden gelegt.

Alternative:

Die Noten können statt auf ein Bodenbild gelegt auch in ein Notensystem gehängt werden. Dazu benötigt man zwei Holzbesenstiele, zwei mit Sand gefüllte Eimer, zehn Hakenschrauben, fünf ca. 200 cm lange Schnüre. Die Hakenschrauben werden in regelmäßigen Abständen am oberen Ende der Besenstiele angebracht (ggf. mit Handbohrer vorbereiten). Dann befestigt man die Schnüre daran und steckt die Besenstiele in die mit Sand gefüllten Eimer. Schließlich strafft man die Schnüre, indem die Eimer auseinandergeschoben werden. Die Kinder können ihre Noten mit den Achtelfähnchen nun an den einzelnen Notenschnüren aufhängen.

Zeichnung: Peter Wolff

3. Advent – Stern

Benötigtes Material:
blaues oder schwarzes Tuch, auf gelbes Papier kopierte Dreiecke, Buntstifte, Scheren

Wir gestalten ein Bodenbild

Zeichnung: Peter Wolff

Das blaue Tuch wird auf dem Boden ausgebreitet und stellt den Sternenhimmel dar. Allerdings müssen die Sterne von den Kindern erst noch gefaltet werden.
Dazu bekommt jedes Kind ein gleichseitiges Dreieck (vgl. Kopiervorlage) und schneidet es aus. Nun wird die erste der drei Spitzen auf die gegenüberliegende Seite gefaltet (1). Ca. 2/3 des Feldes werden nun wieder zurückgefaltet, sodass eine neue Spitze nach außen ragt (2). Diesen Vorgang wiederholt man dann mit den beiden anderen Spitzen (3). Wenn man am Ende die drei Faltstücke ineinanderschiebt, entsteht ein natürlicher »Verschluss« (4).
In die Sterne kann von den Kindern nun eine Fürbitte geschrieben oder gemalt werden (z. B. »Wem ich eine Sternstunde wünsche …«). Während man gemeinsam das Lied LJ 327 singt, werden die Sterne von den Kindern auf dem Himmelszelt abgelegt.
Alternative: Statt des Bodenbildes kann auch das aufgehängte Notensystem vom 2. Sonntag verwendet werden. Man würde dann beim linken Besenstiel einen großen Stern an den Schnüren anbringen. Die Schnüre stellen den Sternschweif dar, in dem man die kleinen Sterne befestigen kann.

4. Advent – Engel

Benötigtes Material:
Kopiervorlage, (Gold- oder buntes) Papier, Stift, Schere, Nähfaden, Nähnadel, einige (Tannen-)Zweige oder Äste in einer Bodenvase

Wir lassen Engel fliegen

Dazu wird die Engelschablone auf Papier kopiert oder mit einem Stift abgemalt. Alle Linien werden ausgeschnitten. Dann werden die Flügel des Engelchens an den beiden Schlitzen zusammengesteckt. Wer möchte, kann seinen Engel verzieren. Mithilfe einer Nadel wird dann ein Nähfaden am Kopf angebracht. Kleineren Kindern kann dabei von Mitarbeitenden geholfen werden. Nun kann man ihn an Ästen aufhängen.

Zeichnung: Peter Wolff

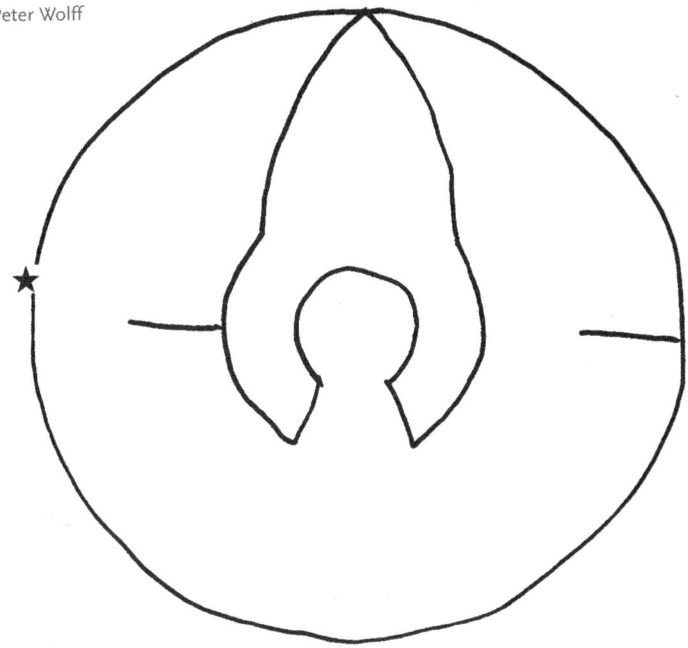

Weihnachtsfest – Kind in der Krippe

Benötigtes Material:
weißes Tuch, Krippenfigur Jesuskind oder Babypuppe, evtl. Futterkrippe oder Holzkasten, Schuhkarton, Geschenkpapier, Symbole der vergangenen Sonntage

Wir gestalten ein Bodenbild
Dazu wird in die Mitte eines weißen Tuches ein Geschenk (wurde von Mitarbeitenden bereits vorbereitet: Jesuskind im weihnachtlich verpackten Schuhkarton) gelegt, um das herum die vier adventlichen Symbole platziert werden. Ausgehend von den Symbolen können Kinder und Mitarbeitende sich noch einmal die Botschaft der verschiedenen Symbole vergegenwärtigen. Wird das Geschenk ausgepackt, kommt das Kind in der Krippe zum Vorschein. Während man das Lied LJ 327 singt, kann es von den Kindern behutsam in die Krippe/den Kasten gelegt werden.

Stichworte:
Advents- und Weihnachtsymbole, Brauchtum

Martin Schoch und Peter Wolff

Von guten Mächten wunderbar geborgen
Ein kreativer Jahresrückblick

30.12.2012
(1. Sonntag nach Weihnachten/ Altjahresabend)

Der Kindergottesdienst am letzten Sonntag des Jahres, einen Tag vor Silvester, wird sicherlich nicht in vielen Gemeinden stattfinden. Dabei trägt gerade dieser Sonntag die großartige Möglichkeit in sich, gemeinsam mit den Kindern auf das Jahr zurückzuschauen, Dank und Lob, Klage und Wünsche vor Gott zu bringen. Für Kinder ist der Silvestertag bzw. -abend ein besonderes Fest: Oft sind Gäste eingeladen oder die Kinder und ihre Familien sind selbst zu Gast bei Freunden und Familie. Feuerwerksknaller, Wunderkerzen, langes Aufbleiben, ein gemütliches Abendessen, muntere Spielerunden kennzeichnen diesen besonderen Abend. Kinder und Erwachsene stellen sich laut oder leise Fragen, wie es wohl im neuen Jahr werden wird, was die kommenden 365 Tage für sie bereithalten. So kann in diesem Kindergottesdienst – oder auch im Familiengottesdienst – Zeit und Raum sein, um auf das langsam vergehende Jahr zurückzublicken (dazu dient die kreative Anregung der Erinnerungs-Schatzkiste) und gesegnet, mit guten Wünschen ausgestattet in das neue Jahr einzutreten.

Die beschriebenen Elemente lassen sich auch gut an einem der ersten Sonntage im neuen Jahr im Kindergottesdienst verwenden.

Liturgische Gestaltung

Zusammenkommen – sich Gott zuwenden

Psalmgebet – nach Psalm 121

Gestaltete Mitte mit Kreuz und Kerze, mit Kalenderbildern aus unterschiedlichen Jahreszeiten evtl. auch mit Symbolen (Schulheft, Geschenk, Poesiealbum, Stein, Murmel, Blume, Feder, Nikolaus, Osterhase, Weihnachtssterne ...)

Kehrvers: **Meine Hilfe kommt von Gott, der Himmel und Erde geschaffen hat.**
Wenn ich aufschaue zu den hohen Bergen und hinauf zum Himmel,
dann sehe ich all das, was Du Gott wunderbar geschaffen hast. Ich denke an das, was ich in diesem Jahr erlebt habe: da war viel Schönes und es gab auch manch schweren Tag zu bestehen. Du Gott warst immer bei mir, auf allen meinen Wegen. Dafür danke ich Dir.

Kehrvers: **Meine Hilfe kommt von Gott, der Himmel und Erde geschaffen hat.**
Du Gott warst bei mir, an warmen Sommertagen, beim Klassenausflug, beim Schwimmen im Freibad, am See und im Urlaub am Meer, beim Geburtstag feiern und bei anderen Festen, an denen ich fröhlich war und beschenkt wurde. Beim St. Martinsumzug mit den schönen Laternen habe ich von Dir gehört und auch am Nikolaustag. Die Adventsfeier in der Schule und das Krippenspiel in der Kirche, die Bescherung an Weihnachten, all das Schöne, was ich erleben konnte, hast Du mir geschenkt, dafür will ich Dir danken.

Kehrvers: **Meine Hilfe kommt von Gott, der Himmel und Erde geschaffen hat.**
Du Gott weißt auch, dass ich manchmal traurig und verzweifelt war, als es Streit mit den Freunden gab, Ärger in der Schule und manchmal auch eine schlechte Klassenarbeit. An manchen Tagen und Nächten hatte ich Angst vor der Dunkelheit und vor dem neuen Tag. Doch auch da warst Du, Gott, bei mir, denn Du willst mich behüten auch in schweren Zeiten, bist bei mir, wenn ich einsam und traurig bin. So bleibe auch bei mir, bei allen Menschen, die mir lieb und wichtig sind, wenn nun das Jahr zu Ende geht, lass uns alle gut ins neue Jahr kommen, beschütze und behüte uns auf all unseren Wegen.

Kehrvers: **Meine Hilfe kommt von Gott, der Himmel und Erde geschaffen hat.**

Segen

Am Ende des Gottesdienstes wird jedem Kind persönlich (mit Handauflegen) der Segen Gottes für das neue Jahr zugesprochen. Dazu stellt sich die Gruppe im Kreis auf, die Mitarbeitenden gehen auf die Kinder zu – nach einem Segenslied (EG 581/Baden-Pfalz, Segne uns, o Herr ...) und sprechen jedem Kind persönlich zu:

Du bist Gottes geliebtes Kind,
sein Segen begleite dich auf allen deinen Wegen,
beschütze und behüte dich, wo immer du bist. Amen.

Den Segenszuspruch schließen wir in einem gemeinsamen Segenskreis mit folgenden Worten ab:

So lasst uns gehen in das neue Jahr mit Gottes Schutz und Segen!
Gott, der Schöpfer trage uns mit seiner Liebe vom alten ins neue Jahr.
Er begleitet uns mit seinem Schutz und Segen auf all unseren Wegen.
So sind wir begleitet und gesegnet, was auch immer wir tun. Amen.

Kurzgeschichte

Das Lebensbild von Schwester Dorothea Steigerwald, ihre bekannte Plastik: »Bleib sein Kind, Bad Bergzabern 1963« wollen ermutigen, das neue Jahr freudig zu empfangen und voll Vertrauen auf Gottes Geleit der Zukunft entgegenzusehen.

Es ist schon einige Jahre her, da kam in den ersten Tagen des neuen Jahres 1918 ein kleines Mädchen in Duisburg zur Welt. Ihre Eltern gaben ihr den Namen Dorothea, das heißt übersetzt »Gottesgeschenk«. Es waren schwere Zeiten in Deutschland, denn es herrschte Krieg. Viele Menschen mussten Hunger leiden, denn Geld war knapp, weil die Frauen und Männer ihren Arbeitsplatz verloren hatten. Gerade im Ruhrgebiet, in dem die Stadt Duisburg liegt, waren viele Fabriken zerstört. Dorothea hatte drei Geschwister, zwei ältere, und nach ihr wurde ihre kleine Schwester Adelheid, die meist Heidi gerufen wurde, geboren. Dorothea wurde von ihrer Familie Dorle gerufen. Gemeinsam mit ihren Geschwistern ging sie am Sonntag in den Kindergottesdienst und zur Konfirmation. Dorle liebte es, alleine in der Kirche zu sitzen und in der Bibel zu lesen, sie mochte die Stille und träumte davon, später einmal Diakonissenschwester zu werden. Diakonissen sind Frauen, die in einem Orden – das ist so etwas wie eine Klostergemeinschaft – zusammenleben, arbeiten und dort Zeit und Kraft für Gott und die Mitmenschen einsetzen.

Nach einer Lehre, die Dorle hinter sich gebracht hatte, erfüllte sich ihr Herzenswunsch: Dorothea und ihre Schwester Heidi kamen nach Marburg in das Mutterhaus Hebron. Die beiden Mädchen hatten am Anfang furchtbares Heimweh, sie sehnten sich nach ihrer Familie und dem vertrauten Zuhause.

Dorothea und Adelheid lernten im Seminar, wie man mit Kindern und Kranken gut umgeht, dann wurden die beiden im Kindergarten und im Hort zum Dienst eingesetzt.

Mittlerweile war der Zweite Weltkrieg ausgebrochen. Viele Städte wurden Nacht für Nacht von Fliegerangriffen überfallen und teilweise auch zerstört. Kinder und Erwachsene mussten ihre Wohnungen verlassen und kamen im Luftschutzbunker zusammen. Durch einen solchen Angriff wurde auch ein Kindergarten in Braubach zerstört. Schwester Dorothea bekam den Auftrag, dorthin zu fahren und den Kindergarten zu übernehmen. Doch wie sollte sie dorthin kommen?

Die Zuggleise waren zerstört. So stieg die junge Frau mutig auf ihr Fahrrad und fuhr zwei Tage lang zu ihrem neuen Einsatzort. Hier baute sie tatkräftig, Stück für Stück, Stein auf Stein, den Kindergarten wieder auf, viele Menschen aus der Kirchengemeinde halfen dabei. Bald schon stand das Weihnachtsfest an. Unter den Trümmern des Kindergartenmaterials fanden sich Krippenfiguren: Hirten, Schafe, Maria und Josef hatten die Kriegswirren überlebt, doch das Christuskind fehlte. Zum Glück konnte die Kindergartenschwester Dorothea einen Rest Knete finden, daraus formte sie das Jesuskind. Da noch etwas Knete übrig blieb, wurde auch noch ein Esel für die Krippe von der Schwester gestaltet.

Später hat ein Künstler die Figuren von Schwester Dorothea entdeckt, und damit auch ihr besonderes Talent zum künstlerischen Gestalten. Dorothea war weiterhin in vielen Kindergärten und Kinderheimen tätig, sie hat all ihre Kraft für die Kinder eingesetzt und ihnen von der Liebe Gottes erzählt. In ihrer Freizeit modellierte sie Plastiken, die alle von der Liebe Gottes zu seinen Menschenkindern erzählen. Das bekannteste Kunstwerk zeigt ein Kind, das sich ganz in Gottes Hand hineinbegibt. »Bleib sein Kind« hat die Künstlerin diese Plastik genannt *(Kunstkarte mit der Plastik den Kindern zeigen)*. Immer mehr Menschen wollten die schönen Kunstwerke betrachten und viele Kirchengemeinden bestellten bei Dorothea Weihnachtskrippen. Das bedeutete immer mehr künstlerische Arbeit für die Kindergartenschwester. So befreite der Schwesternorden Dorothea von ihren Aufgaben als Kindergärtnerin, ließ ihr Zeit zum künstlerischen Schaffen und stellte ihr ein ehemaliges Kinderheim für Ausstellungen und zum Wohnen zur Verfügung. Alle Werke von Dorothea Steigerwald wollen Kleine und Große an die Liebe Gottes zu seinen Menschenkindern erinnern. Das ist das großartige Lebenswerk von Schwester Dorothea.

Christine Wolf

Kreative Ideen

Figuren/Plastiken herstellen

In Anlehnung an die Figuren von Schwester Dorothea Steigerwald können die Kinder eigene Figuren/Plastiken herstellen, die an Gottes Liebe erinnern. In seinem Schutz können sich kleine und große Menschen geborgen und gut aufgehoben wissen.

Dazu eignet sich (bei kleineren Kindern) Knetmasse, aus der Figuren gestaltet werden, oder selbsthärtende tonähnliche Masse (Keramiplast) für ältere Kinder.

Anregungen für die herzustellenden Figuren bietet das Bild der Plastik von Dorothea Steigerwald (siehe Abbildung) »Bleib sein Kind«.

Plastik von Dorothea Steigerwald – Motiv: »Bleib sein Kind«, © by Joh. Brendow & Sohn Verlag GmbH, Moers

Erinnerungs-Schatzkiste gestalten

Die Kinder gestalten jeweils individuell eine »Erinnerungs-Schatzkiste« und verzieren diese. Alternativ ist auch möglich, dass die Kindergottesdienstgruppe gemeinsam eine solche »Erinnerungs/Dank-Schatzkiste« herstellt.
Dazu eignen sich kleine Schatzkisten, die in Bastelläden und Bastelbedarfforen zu erstehen oder zu bestellen sind. Wenn eine gemeinsame Schatzkiste erstellt wird, kann dazu auch ein Schuhkarton oder ein Geschenkkarton als Grundform verwendet werden.
Die kleinen oder großen Erinnerungsschatzkisten werden dann mit Papierstücken(Geschenkpapierfetzen, Transparentpapier, Servietten, o. Ä.) mithilfe von Tapetenkleister verziert. Im Bastelgeschäft lässt sich auch ein Spezialkleber (Décopatch) erwerben, mit dem die Papierstücke auf die Kiste/den Karton beklebt werden.

»Dank- bzw. Wunsch-Zettel« erstellen

Mithilfe von Kalenderblättern und den entsprechenden Bildern zu den jeweiligen Monaten blicken wir mit den Kindern zurück auf das langsam zu Ende gehende Jahr. Gemeinsam bedenken wir, was sich in den Tagen, Wochen und Monaten alles ereignet hat. Die Kinder beschreiben/bemalen leere kleine Blätter mit ihren eigenen Erinnerungen, mit dem Dank für das Erlebte. Diese Erinnerungs- bzw. Dankblätter werden dann in die Schatzkiste gelegt. Eventuell können auf weiteren (andersfarbigen Blättern) auch Wünsche und Hoffnungen für das neue Jahr gesammelt werden.

Lieder:
EG 65 Von guten Mächten wunderbar geborgen
EG 171 Bewahre uns Gott, behüte uns Gott,
EG 644 Meine Zeit steht in Deinen Händen

Stichworte:
Vertrauen, Geborgenheit, Liebe Gottes, Hoffnung, Segen

Christine Wolf

Register

I. Bearbeitete Bibelstellen

II. Lieder

III. Thematische Stichworte

IV. Liturgische Texte/Aktionen